GOOD vibrations

Annette Neubauer

Ist doch Isy!

Von Origamiblumen, Vogelhäuschen und meinem grünen Daumen

ANNETTE NEUBAUER

Ist doch ISY!

Von Origamiblumen, Vogelhäuschen und meinem grünen Daumen

Band 3

Mit Illustrationen von Laura Rosendorfer

Ravensburger

MIX
Papier | Fördert gute Waldnutzung
FSC® C111262

1 3 5 4 2

Text: Annette Neubauer
Cover- und Innenillustrationen: Laura Rosendorfer

Originalausgabe

Postfach 2460, D-88194 Ravensburg

Printed in Germany

ISBN 978-3-473-40892-4

ravensburger.com

Inhalt

FRISCHES GEMÜSE *und* STINKENDER KOMPOST

»Ich freue mich so sehr, Isy. Bald können wir loslegen«, sagt Fee und hakt sich bei mir unter. Unsere Klassenlehrerin ist krank und wir haben eine Stunde früher Schulschluss. Gemeinsam schlendern wir durch den Park. »Echt krass! Wir haben auf dem Schulfest mehr eingenommen, als wir erwartet haben. Mit dem Geld können wir einen richtig tollen Schulgarten anlegen.«

»Mit Sonnenblumen, Karotten, Kartoffeln, Kräutern ...«, schwärme ich und habe jetzt schon den Duft von Basilikum und Thymian in der Nase. »Bald denken wir uns Rezepte aus

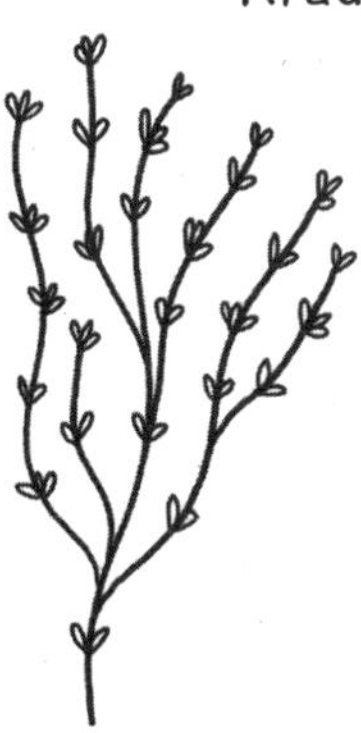

und kochen mit frischem Gemüse aus eigenem Anbau.«

»Yippie!«, ruft Fee. »Das ist fast so cool wie ein eigener Garten.«

»Und wir basteln Vogelhäuschen und hängen sie auf«, schlage ich vor und schiebe meine Brille nach oben. Eine Amsel sitzt über uns auf einem Ast und trällert, als ob sie uns zustimmen würde.

Einen Moment denke ich an unseren Auftritt auf dem Schulfest. Leider war ich damals statt mit Fee und Moritz mit den PGs, den Power Girlies, und Yasim in einer AG. Obwohl die PGs niemals meine Freundinnen werden, hat das Training mit ihnen irgendwann irre viel Spaß gemacht. Am Ende haben wir eine richtig coole Tanzshow hingelegt. Nicht zuletzt, weil Yasim nicht nur ein super Tänzer, sondern auch ein netter Typ ist. Fee und Moritz haben in einer anderen AG eine Fahrradstation organisiert. Alle waren so begeistert, dass megaviel gespendet wurde.

Unser Biolehrer, Herr Demircan, hat uns heute Morgen erklärt, dass bald frische Erde für den Schulgarten aufgeschüttet wird. Unsere Klasse ist für die Bepflanzung der Beete zuständig. Deswegen haben wir in der letzten Stunde neue Vierer-AGs gebildet. Jede Gruppe soll ein eigenes Beet bepflanzen. Diesmal bin ich mit Fee, Moritz und Yasim zusammen. *Yes!*

Alina wollte auch zu uns in die AG. »Willst du nicht wieder zu den PGs?«, fragte sie mich, weil wir schon zu viert und damit vollzählig waren.

»Äh, nein«, antwortete ich verwirrt. »Aber die Gruppe von Leon, Paulo und Mia sucht noch jemanden. Da kannst du bestimmt mitmachen.«

»Geh du doch zu ihnen!«, schlug Alina vor und sah mich ärgerlich an. Ehrlich, warum war sie sauer, nur weil ich diesmal mit Leuten zusammenarbeiten will, mit denen ich befreundet bin?

»Tut mir leid, aber ich bleibe hier«, antwortete ich entschlossen. Da fiel mir ein, dass sich Alina und Mia vor einigen Tagen auf dem Schulhof gestritten hatten. Es ging ums Internet und irgendwelche Posts. Genau habe ich die beiden nicht verstanden und echt, das ist nicht mein Problem. Den Zoff müssen Alina und Mia unter sich klären.

Bio-Demi hat uns am Ende der Stunde noch etwas verraten: Unsere Klasse ist auch für den Kompost zuständig. »Und zwar jeder und jede von euch!«, hat er nachdrücklich betont und dabei mit dem Zeigefinger in der Luft gewedelt. »Niemand drückt sich, verstanden?«

»Kannst du dir vorstellen, wie die PGs ihr Beet mit stinkendem Kompost düngen?«, fragt mich Fee gerade, während ein Eichhörnchen unseren Weg kreuzt und schnell hinter dem nächsten Busch verschwindet. Wir stellen uns die drei BFFs in ihren strassbesetzten Glitzerpullis und Gummistiefeln vor, wie sie einen Eimer Dünger über ihr Beet kippen und kichern.

»Du weißt doch, wie ehrgeizig Sissi ist. Die PGs werden alles geben, damit ihre Pflanzen in die Höhe sprießen«, sage ich. »In diesem Fall sogar Dünger verteilen.« Die Sonne scheint durch die Bäume. Es ist so warm, dass ich den Reißverschluss meiner Jacke öffne.

»Die PGs wollen garantiert die schönsten, größten und coolsten Pflanzen von allen haben«, stimmt Fee

zu. Sie rückt ihr Stirnband zurecht, das ihre langen roten Haare zusammenhält.
Als wir den Ausgang des Parks erreichen, gehen wir weiter zur Haltestelle. Wir müssen nicht lange warten. Bald biegt der Bus um die Ecke. Zum Abschied umarmen wir uns fest. »Bis morgen!«, sagt Fee und verschwindet in der Menschenmenge. Ich winke ihr kurz hinterher. Dann drehe ich mich um und gehe zu Fuß weiter.

Heute bin ich als Erste zu Hause. Meine ältere Schwester Klara ist noch in der Schule, mein kleiner Bruder in der Kita und meine Eltern sind bei der Arbeit. Als ich die Jacke ausziehe und an die Garderobe im Flur hänge, merke ich, dass mein Magen knurrt. Ich laufe in die Küche. Super! Der Gemüsekorb ist voll. Ich nehme eine Tomate, schneide sie auf und sehe die kleinen Kerne. Viel zu schade für den Müll! Ich pule die gelben Samen aus dem Fleisch und lege sie zum Trocknen auf ein Küchentuch.

DIY TOMATEN ZIEHEN

MATERIAL

1 reife Tomate // kleines Messer // Küchentuch // kleiner Blumentopf // Blumenerde

1. Die Tomate aufschneiden und mit einem Löffel vorsichtig die Kerne herauslösen.

2. Die Kerne in ein feinmaschiges Sieb geben und mit kaltem Wasser abspülen, sodass die Kerne von der durchsichtigen Masse befreit werden. Anschließend zum Trocknen auf ein Küchentuch legen.

3. Im Frühling: Einen kleinen Pflanztopf mit Erde befüllen und mit dem Finger ein ca. 1 cm tiefes Loch formen. Einen Samen in das Loch stecken, leicht mit Erde bedecken und andrücken.

4. An einen hellen und warmen Ort stellen (z. B. auf die Fensterbank) und täglich vorsichtig gießen.

In ein paar Tagen werde ich die Samen in einen hübschen Topf mit frischer Erde stecken, den ich auf meine Fensterbank in die Sonne stelle. Wenn die Triebe groß genug sind, können wir sie in unser Beet pflanzen. Das mache ich aber erst, sobald es nachts garantiert nicht mehr friert.

Denn Tomaten brauchen viel Wärme und wenn sie richtig sprießen, auch viel Wasser. Deswegen ist es am besten, die Setzlinge im April zu ziehen und nach den Eisheiligen nach draußen zu pflanzen.

Aber jetzt brauche ich unbedingt etwas Leckeres zu essen.

Ich habe gerade den letzten Bissen runtergeschluckt, als ich einen Schlüssel in der Wohnungstür höre.
»Alles easy, Isy?«, ruft meine Schwester. Sie hat meine Jacke an der Garderobe entdeckt und weiß, dass ich zu Hause bin.
»Klar, Klara!«, rufe ich zurück und freue mich tierisch, meine Schwester zu sehen, die schon in die Küche rauscht. Mit ihren langen dunklen Haaren, den bunten Ohrringen und Ketten sieht sie wie immer megamäßig schick aus.
»Ich habe einen Riesenhunger«, sagt sie und lässt sich neben mich auf einen Küchenstuhl fallen. Ich schiebe ihr Hummus und Brot hin und gebe ihr mein Messer. Während sie sich ein Hummusbrot schmiert, erzähle ich aufgeregt, dass unsere Klasse bald die Beete bepflanzen wird. Klara geht auf dieselbe Schule wie ich und berichtet mir stolz, dass ihre AGs Regentonnen aufstellen werden. »Damit wir nicht so viel Leitungswasser verbrauchen!«, sagt sie schmatzend. »Außerdem bauen wir aus Holzresten Behälter für den Kompost.«
»Wow, das ist eine super Idee«, rufe ich begeistert.

»Bist du diesmal mit Fee und Moritz in einer AG?«, fragt Klara nach.

»Genau! Und Yasim ist auch dabei!«

»Stabil«, sagt Klara und beißt noch ein großes Stück von ihrem Brot ab. Dann malen wir uns den Garten aus, als ob er schon blühen würde: Überall stehen knallbunte Blumentöpfe. Fuchsien leuchten und Lavendelsträucher duften. Insekten brummen durch die Luft, Schmetterlinge flattern umher und Vögel sitzen in den Vogelhäuschen. Wir sind sicher, dass die nächsten Wochen einfach wunderbar werden.

GREEN DREAM

»Morgen wird auf dem Rasen neben dem Sportplatz Erde für den Schulgarten aufgeschüttet«, erklärt uns Bio-Demi am nächsten Tag. »Wie wir besprochen haben, bekommt jede AG ein kleines Beet, um es zu bepflanzen und zu pflegen.«

»Super!«, »Läuft!«, »Wow!«, »Krass!«, »Yippie!«, rufen alle durcheinander und klatschen ab.

»Ruhe!«, sagt Herr Demircan und wedelt mit den Armen. »Teilt euch in eure AGs auf und überlegt, welche Pflanzen ihr ziehen möchtet. Dabei müsst ihr beachten, in welchem Monat ihr sie pflanzen und ernten könnt.«

Wieder wird es unruhig. Einige wechseln die Plätze.

Auch Moritz und Yasim schnappen sich ihre Stühle und setzen sich zu Fee und mir.

»Hi!«, sagt Yasim und grinst uns an. »Wie heißt unsere AG eigentlich?«

»Gute Frage«, antworte ich und spiele mit meiner Kette, an der ein Blumenanhänger baumelt. »Hat jemand eine Idee?«

»*Green Thumb*«, schlägt Fee vor.

»Grüner Daumen?«, fragt Moritz. »Hm, nicht wirklich originell.«

Fee verzieht ihren Mund, sagt aber nichts.

»Vielleicht *Green Fingers*?«, fragt Yasim und zieht seine Kappe tiefer ins Gesicht.

»Megalangweilig«, antwortet Moritz. Dabei fand ich den Vorschlag gar nicht so schlecht.

»Hast du eine bessere Idee?«, fragt Yasim beleidigt zurück.

»Wie wäre es mit *Green Team*?«, meint Moritz und bindet seine halblangen Haare mit einem Haargummi zu einem Zopf.

»Auch nicht besonders witzig«, sagt Yasim prompt. Uh, was ist denn mit den beiden los?

»*Kleeblatt!*«, schlägt Fee jetzt vor. »Wir sind schließlich zu viert.«

Das finde ich jetzt wiederum langweilig und schlage deswegen schnell meine Idee vor: »Was haltet ihr von *Green Dream?*«

»Cool!«, sagt Moritz.

Fee nickt zustimmend. »Klingt gut!«

»Läuft!« Yasim hebt den Daumen hoch.

Wir grinsen uns an und mit meinem Lieblingsstift schreibe ich in mein Heft:

Green Dream

»Und was pflanzen wir jetzt an?«, frage ich und schaue von einem zum anderen.

»Ich bin für Kräuter. Die peppen alle möglichen Gerichte auf«, sagt Moritz.

»Kräuter sind okay«, antwortet Yasim. »Wenn wir noch Tomaten anpflanzen, haben wir fast alle Zutaten für die perfekte Nudelsauce-à-la-Green-Dream.«

»Tomatensamen habe ich gestern schon getrocknet«, erkläre ich. »Daraus können wir Sprösslinge ziehen und sie in unser Beet setzen, wenn sie groß genug sind.«
»Super«, sagt Moritz. »Tomaten brauchen nur Sonne und Wasser. Dann wachsen die Stauden megaschnell.«
»Für eine leckere Tomatensauce brauchen wir unbedingt Basilikum und Oregano«, sagt Fee. Dabei dreht sie an einem ihrer roten Perlenohrringe.
»Ja, und Zwiebeln.« Moritz schiebt sich eine lange Haarsträhne, die sich aus seinem Pferdeschwanz gelöst hat, hinter sein Ohr.
»Genau! Wir pflanzen Kräuter in die Beetmitte und setzen Tomaten und Zwiebeln daneben«, ruft Fee begeistert.
Während ich unser Beet in mein Heft zeichne, schaut Fee Moritz von der Seite an und flüstert ihm etwas ins Ohr. Ich fühle einen kleinen Stich in meinem Herzen. Seit die beiden gemeinsam die Fahrradstation organisiert haben, verstehen sie sich richtig gut. Bin

ich etwa eifersüchtig auf Fee? Was für ein blödes Gefühl. Weg damit, das brauch ich nicht! Fee ist doch meine Freundin, der ich das Beste überhaupt wünsche. Aber das Gefühl lässt sich nicht so leicht vertreiben. Es ist da und klammert sich an mein Herz.

Also konzentriere ich mich aufs Malen und stelle mir vor, wie ein Basilikumblatt aussieht. Wir haben einen Topf in der Küche, den ich gestern noch gegossen habe. Als der Duft aus den Blättern schoss, habe ich sie mir genau angeschaut. Während ich mich jetzt fokussiere, wird das Bild in meiner Vorstellung klarer. Sich etwas genau anzuschauen, dann die Augen zu schließen und es sich mit geschlossenen Augen vorzustellen, übe ich immer wieder. Irgendwann wird es zur Gewohnheit und macht richtig Spaß. Und je besser ich mir etwas vorstellen kann, desto genauer kann ich es zeichnen. Im Grunde echt easy.

DIY Pflanzen-DOODLES

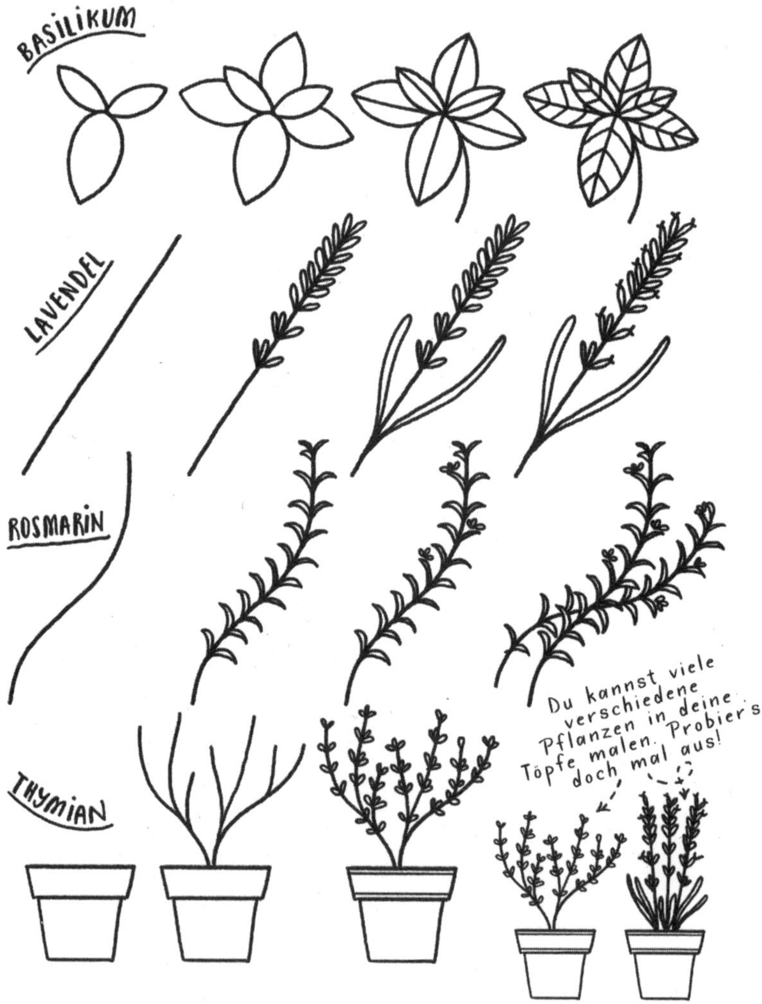

»Sieht super aus«, sagt Moritz, als ich mit den Zeichnungen fertig bin.
»Für die Kräuter brauchen wir noch Samen«, stellt Yasim fest.
»Samen besorgt Demi für alle AGs vom Biobauernhof. Hat er eben erklärt«, sagt Moritz und kritzelt gedankenverloren eine Tomate in sein Heft.
»Da hab ich wohl nicht aufgepasst«, sagt Yasim und zuckt mit den Schultern.
»Und die Zwiebeln können wir aus alten Zwiebeln anzüchten, bevor wir sie ins Beet stecken«, schlägt Fee vor. »Dann wachsen sie schneller. Dafür brauchen wir Demi auch nicht.«
»Bei uns liegen noch alte Zwiebeln in der Vorratskammer«, sagt Moritz.
»Super! Habt ihr zu Hause auch leere Getränkepackungen?«, frage ich in die Runde. »Die können wir aufschneiden und während der Aufzucht als Blumentopf-Ersatz verwenden.«
»In den Mülltonnen liegen immer welche rum«, antwortet Moritz. »Meine Eltern kaufen Getränke nur noch in Glasflaschen.«

»Getränkepackungen kann ich auch besorgen«, erklärt Fee.

»Also, dann: Heute um vier Uhr Treffen zum Zwiebelzüchten bei mir?«, fragt Moritz.

Wir schlagen ab. Und ich freue mich jetzt schon total auf den Nachmittag.

HERZKLOPFEN

Zu Hause esse ich eine Kleinigkeit und mache schnell die Hausaufgaben. Bevor ich mich auf den Weg zu Moritz mache, kämme ich mir sorgfältig die Haare. Dann ziehe ich mir mein rotes Kleid mit den orangen Blumen an. Als ich in die gelben Sneakers schlüpfe, steckt Klara den Kopf in mein Zimmer. »Warum machst du dich denn so schick, kleine Schwester?«, fragt sie und grinst. Dabei ist sie selbst wie immer megalässig angezogen mit ihrem selbst genähten engen schwarzen Oberteil und der weiten Schlaghose. Ich hasse es, wenn sie mich »kleine Schwester« nennt, und das weiß sie ganz genau. »Triffst du dich mit Moritz?«, nervt sie weiter.

Ich laufe zu ihr und kneife sie in die Seite.
»Autsch!«, ruft Klara lachend und reibt sich die Taille. »Da habe ich also voll ins Schwarze getroffen! Ich kenne dich eben schon seit deiner Geburt.«
Sie zwinkert mir zu. »Du siehst übrigens hübsch aus. Viel Spaß!« Dann verschwindet sie wieder in ihrem Zimmer.
Ich drehe mich noch einmal vor dem Spiegel hin und her und bin sehr zufrieden mit mir: Meine Haare glänzen, meine Haut ist pickelfrei *Yippie!* und das Kleid sitzt perfekt. Also schnappe ich mir meine Tasche und rufe in Richtung Klaras Zimmer:
»Tschüss! Sag bitte Ma und Pa, dass ich eine Arbeits-AG bei Moritz habe und pünktlich zum Abendessen wieder da bin!«
»Arbeits-AG? Ha, ha, ha! Dass ich nicht lache«, ruft Klara zurück.
Doch bevor sie weitere Bemerkungen machen kann, schlüpfe ich aus der Wohnung. Ich hüpfe die Treppen runter und gehe durch die Innenstadt. Moritz wohnt nur ein paar Straßen entfernt.

Mir fällt ein, dass er eine kleine Schwester, also eine wirklich kleine, viel jüngere Schwester mit Downsyndrom hat. Ich bin gespannt, ob ich sie heute endlich einmal kennenlerne.

Als ich schelle, klopft mein Herz. Die Tür springt auf und ich laufe in den dritten Stock. Dort lehnt Moritz schon lässig an der Tür.

»Hi!«, begrüßt er mich, und ich antworte leise »Hi« zurück. Ehrlich, ich bin total genervt von mir. Herzklopfen und Piepsstimme! Wie blöd ist das denn? So schüchtern bin ich sonst gar nicht.

»Komm rein! Die anderen sind schon da«, sagt er und geht vor. Fee und Yasim sitzen bereits auf dem Balkon. Auf dem Boden liegen ein Sack Blumenerde, Getränkepackungen, Scheren und Zwiebeln.

»Meine Mutter hatte noch einen Sack Erde«, erklärt Moritz und setzt sich im Schneidersitz auf den Boden. »Damit können wir die Zwiebeln anzüchten.«

»Wo ist deine Mutter?«, frage ich und setze mich zu den anderen.

»Sie ist mit meiner kleinen Schwester unterwegs«,

antwortet Moritz. »Keine Ahnung, wann die beiden zurückkommen.«

»Fangen wir jetzt endlich an?«, fragt Fee ungeduldig.

Ich nicke und nehme die erste Getränkepackung. Mit der Schere schneide ich die obere Hälfte ab und gebe sie Yasim. Yasim sticht mit der Schere Löcher in den Boden, damit beim Gießen Wasser abfließen kann und die Erde nicht zu nass wird. Moritz füllt die Packung mit Erde auf und Fee steckt die Zwiebeln hinein.

DIY PFLANZTÖPFE

MATERIAL Leere Getränkepackung // Schere // Zwiebel

1. Getränkepackung ausspülen und waagerecht durchschneiden.

2. Mit einer Schere vorsichtig Löcher in den Boden stoßen.

3. Den Pflanztopf zur Hälfte mit Erde auffüllen.

4. Zwiebel mit den Wurzeln nach unten hineinstecken.

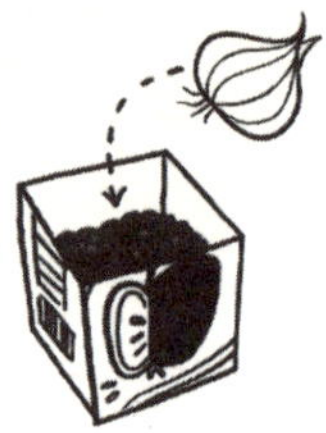

5. So mit Erde bedecken, dass nur die grüne Spitze herausragt.

6. Regelmäßig gießen.

So arbeiten wir uns voran. Als wir fertig sind, stellen wir die gefüllten Pflanztöpfe ordentlich in einer Reihe auf und gießen sie.
»Kaum zu glauben, dass daraus bald neue Zwiebeln werden«, sagt Moritz und klopft die Hände ab.
In dem Moment fällt mir Demis Hinweis wieder ein.
»Wir sollen die Erntezeit von unserem Gemüse herausfinden«, sage ich und ziehe mein Handy aus der Hosentasche. Die anderen machen es mir nach.
»Schon im Juni«, sagt Yasim nach einer Weile.«
»Tomaten brauchen länger«, stellt Fee fest. »Aber bis zu den Sommerferien werden wir auch die Tomaten ernten können.«
»Und was machen wir jetzt?«, fragt Yasim. »Bock auf Bolzplatz?«
»Ich muss noch Hausaufgaben machen«, antwortet Fee.
»Ich auch«, sagt Moritz. »Tut mir leid.«
Yasim schaut mich an. »Ich muss zum Abendessen zu Hause sein. Und es ist schon kurz vor sechs Uhr«, erkläre ich und stehe auf.

»Wir haben fast denselben Weg«, sagt Yasim und fährt sich durch die halblangen schwarzen Haare. »Gehen wir ein Stück zusammen?«

»Klar«, sage ich. »Why not?«

Kurz darauf stehen wir auf der Straße. Seltsam … Warum ist Fee bei Moritz geblieben? Machen die beiden *zusammen* Hausaufgaben? Unschöne Gedanken purzeln durch meinen Kopf, aber Yasim lenkt mich ab.

»Das mit dem Schulgarten und unseren AGs ist echt cool«, sagt er, während wir durch die Einkaufsstraße schlendern. In den Schaufenstern stehen Anziehpuppen mit der neuesten Mode. Obwohl sie unterschiedliche Kleidung zur Schau stellen, sehen alle gleich aus. Dünn mit langweilig-blassen Gesichtern.

»Ich habe echt Lust, zu Hause auch was zu züchten. Vielleicht Paprika oder so. Macht bestimmt Spaß zuzuschauen, wie aus Blüten plötzlich Gemüse

wird«, sagt Yasim und weicht einer Frau mit einem Pudel aus.
»Ja, schon Wahnsinn, dass wir auf dem Schulfest so viel Geld eingesammelt haben«, sage ich. »Damit hat irgendwie keiner gerechnet.«
»Unser Auftritt war aber auch megacool«, sagt Yasim und macht ein paar Tanzschritte.

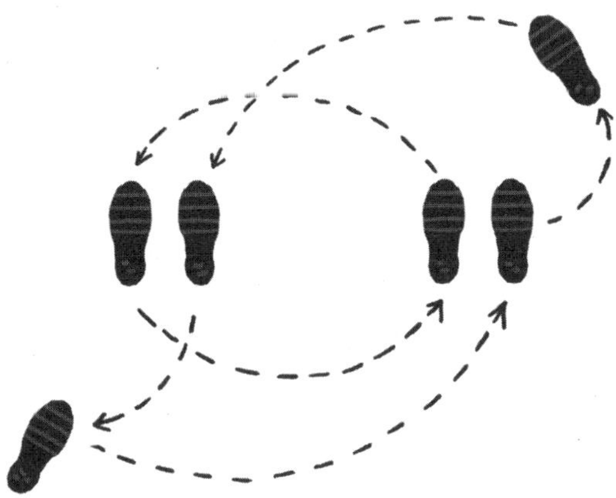

Sofort erinnere ich mich an die Choreo und tanze mit ihm zusammen auf der Straße. Yasim singt dabei den Song *Dance Around the World* und ich singe mit. Ein paar Leute schauen uns an, aber das stört uns nicht. Wir bouncen, drehen uns, kreuzen nach hinten und zur Seite. Dann lachen wir laut los. Als wir nicht mehr können, gehen wir weiter und unterhalten uns über Blumen, Kräuter, unsere Geschwister und Bio-Demi, bis wir vor meiner Haustür stehen.

»See you!«, verabschiedet sich Yasim. Er winkt mir noch einmal zu, dreht sich um und verschwindet. Ich schaue ihm kurz hinterher, bevor ich die Haustür öffne.

»Guten Abend!«, rufe ich in den Flur, als ich in der Wohnung bin.

»Hallo, Schatz!«, ruft meine Mutter. Ich gehe ins Arbeitszimmer zu meinen Eltern, die beide vor ihren Bildschirmen sitzen.

»Wir sind bald fertig«, erklärt mein Vater. »Dann essen wir zusammen.« Also verschwinde ich wieder. Zurück im Flur höre ich Bens Kichern aus Klaras Zimmer. Ich habe Lust, mit ihm zu spielen, und gehe zu den beiden.

»Hallo zusammen«, sage ich und lächele.

»Na, warum so gut gelaunt?«, fragt Klara und lächelt zurück. »War es schön bei Moritz?« Typisch meine Schwester. Immer muss sie so blöde

Sachen sagen. Aber heute lasse ich mich nicht ärgern. Ich beachte Klaras Frage einfach gar nicht.

»Autorennen?«, schlage ich Ben vor, der begeistert nickt. »Dann suchen wir mal die Rennwagen in deinem Zimmer zusammen«, sage ich, und Ben läuft zu mir.

»Bist du verknallt, kleine Schwester?«, fragt mich Klara plötzlich und grinst. Ich werde tiefrot und frage mich, ob ich wirklich verknallt bin. Und die zweite Frage: In wen? Moritz ist total cool. Aber mit Yasim zu tanzen, ist einfach nur … easy und macht tierisch viel Spaß. Und was ist eigentlich mit Fee und Moritz? Ich nehme Ben an die Hand.

»Was ist verknallt?«, fragt er und schaut mich neugierig an. »Tut das weh?«

Klara lacht laut los.

»Das erklär ich dir ein anderes Mal«, antworte ich. Schnell gehe ich mit ihm aus Klaras Zimmer. Ich will jetzt einfach nur noch Autorennen spielen und über nichts mehr nachdenken.

KRÄUTER und BLUMEN

Am nächsten Morgen verkündet Demi, dass die Erde aufgeschüttet ist und wir unsere Beete abmessen dürfen. Wir lassen alles stehen und liegen und stürmen nach draußen, was Demi gar nicht gefällt. Aber er stöhnt nur kurz auf und schüttelt den Kopf, bevor er uns hinterherläuft.

»Jede AG bekommt ein eigenes Feld«, erklärt Demi, als wir vor der frischen Erde stehen. Es stinkt nach Moder und ein wenig nach Fäulnis. Einige kräuseln die Nase. »Die Erde riecht streng, weil sie Kompost enthält, also pflanzliche und tierische Abfälle zum Düngen«, erklärt Demi weiter. »Das ist ein gutes Zeichen. Dann ist die Erde nahrhaft und die Setzlinge und Keime wachsen schnell.« Jede AG bekommt einige große Steine, die die Gartenfirma mitgeliefert hat. Damit stecken wir unsere Beete ab. Das ist anstrengend und schwieriger, als wir gedacht haben. Beim ersten Versuch werden die Abgrenzungen krumm und schief. Schließlich zeigt uns Demi, wie wir mit Seilen gerade Linien ziehen, an denen entlang wir die Steine legen.

Neben unserem Beet ist das Beet von Leon, Paulo, Mia und Alina. Zwei Felder weiter liegt das Beet von den PGs und Tobi. Sissi, Soraya und Emma sind unermüdlich bei der Sache. Tobi packt ordentlich mit an und schleppt mit Sissi die schwersten Steine. Obwohl es warm ist und wir schnell schwitzen, geben wir uns große Mühe. Schließlich soll unser Garten richtig NICE werden.

Als Sissi gerade eine Pause macht und sich den Schweiß von der Stirn wischt, gehe ich zu ihr. Ich bin schon ein bisschen neugierig, was sich die PGs für ihr Beet überlegt haben.

»Hi, Sissi«, sage ich lässig oder besser so lässig, wie ich ihr gegenüber sein kann. »Was wollt ihr denn anpflanzen?«

»Wir machen ein Blumenbeet«, erklärt sie mit hochgezogener Augenbraue. Offensichtlich wundert sie sich über mein Interesse.

»Mit roten, rosa und orangen Blüten«, erklärt mir Soraya stolz, die neben Sissi steht.

»Ah, tolle Idee«, sage ich und wundere mich, dass Demi so eine Blumenpracht erlaubt. Schließlich sollen wir alle etwas Nützliches anpflanzen. Wobei schöne Blumen auch irgendwie nützlich sind. Denn *Good Vibrations* können wir alle brauchen, immer und jederzeit. Und Blumen in kräftigen Farben tragen garantiert zur besseren Laune bei.

Schließlich liegen unsere Beete fein säuberlich abgetrennt nebeneinander. »Das habt ihr sehr gut gemacht!«, lobt uns Demi zufrieden und schaut auf die Armbanduhr. »Der Biounterricht ist vorbei. Also, zurück ins Klassenzimmer!«
»Wow, morgen können wir mit dem Säen beginnen«, sagt Moritz und seine hellen Augen strahlen in der Sonne.
Als wir zurück ins Schulgebäude und zu den Toiletten gehen, um uns die Hände zu waschen, merken wir, wie erschöpft wir sind. Wir freuen uns sogar auf den Deutschunterricht bei Stegi, bei dem wir still sitzen, zuhören und ab und zu denken müssen. Hauptsache, wir brauchen uns nicht mehr zu bewegen, zu bücken oder Steine zu schleppen.

Die nächsten Tage und Wochen beginnen wir damit, Samen und Setzlinge in die Erde zu pflanzen. Anschließend tragen wir Gießkannen von den Regentonnen zu den Beeten, um die Saat zu wässern.

Das ist richtig anstrengend, denn die Pflanzen dürfen nicht austrocknen. Insgesamt haben wir aber echt Glück mit dem Wetter: Es ist warm und in der Nacht regnet es oft. An diesen Tagen müssen wir morgens nicht so viel gießen.

Unter diesen fast perfekten Bedingungen dauert es nicht lange, und die ersten Triebe zeigen sich. Unsere Zwiebeln sind in den Pflanztöpfen schon ordentlich gewachsen. Jetzt schießen sie nach oben in die Höhe und nach unten in den Boden. Auch die Tomaten, die ich auf meiner Fensterbank gehegt und gepflegt habe, wachsen schnell. Die Kräuter brauchen etwas länger, gedeihen aber auch gut.
In den Nachbarbeeten grünt und sprießt es genauso schön. An manchen Tagen haben wir tatsächlich den Eindruck, wir könnten den Pflanzen beim Wachsen **zusehen**.
In der Kunststunde fertigen wir Beschriftungen für unsere Beete an. Auf kleine Steine, die wir sammeln sollten, schreiben wir die Namen unserer Pflanzen.

Dann malen wir die passenden Kräuter, Blumen und Gemüsearten dazu. Während ich Tomaten male, schiele ich hin und wieder zu den PGs und Tobi, die alle vier mit roten und orangen Stiften Kapuzinerkresse auf ihre Steine schreiben. Sissi malt rote Blüten, Soraya orange und Emma dunkelrote daneben. Tobi schreibt nur Kapuzinerkresse auf seinen Stein und verzichtet auf Blümchen. Dafür sieht seine Schrift comicartig cool aus.

DIY BUNTE GARTENSTEINE

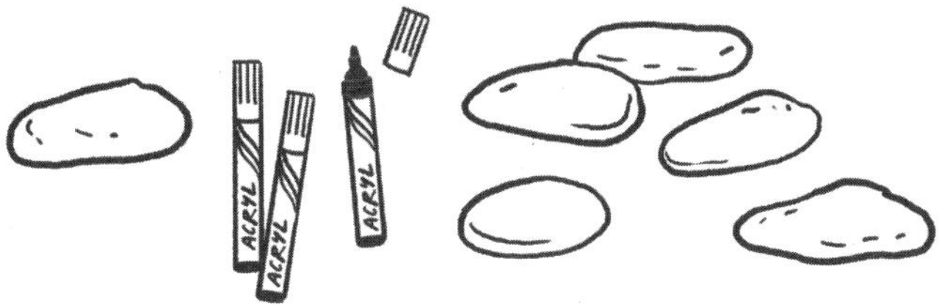

MATERIAL Flache Kieselsteine // Acrylstifte

Flache Kieselsteine reinigen und anschließend mit bunten Acrylstiften beschriften und verzieren.

Mir wird klar: Die PGs haben nicht irgendwelche Blumen gepflanzt. Natürlich hat Sissi sich etwas Besonderes ausgedacht. Kapuzinerkresse lockt mit ihren bunten Blüten die Bienen an. Außerdem wachsen die Pflanzen schnell und blühen in krass leuchtenden Farben. Und die Blüten sind essbar. Das weiß ich von meiner Mutter, die sie ab und zu als Deko auf einen Salat legt. Ich esse die Blüten allerdings nie, sondern mache daraus hübsche Ice-Cubes. Dazu lege ich sie in eine Eiswürfelform, fülle Wasser auf und stelle die Form ins Eisfach. Die Blüten-Eiswürfel sehen in Drinks einfach richtig cool aus.

Auf jeden Fall wundert es mich nicht mehr, dass Demi mit der Bepflanzung von Sissis AG einverstanden war. Denn er lässt keine Gelegenheit aus, um uns zu sagen: »Bienen sind für die

Umwelt extrem wichtig!« Womit er natürlich hundertpro recht hat.

Die nächsten Wochen macht die Schule richtig Spaß. Wir sind oft vor dem Unterrichtsbeginn da und schauen nach unseren Beeten, die uns echt ans Herz wachsen. Moritz, Yasim, Fee und ich freuen uns riesig auf die erste Tomate. Die Stauden zeigen schon winzige grüne Kugeln, die sich bald rot färben werden.
Die PGs ziehen sich orange, rote und dunkelrote Shirts an und machen Selfies vor der Kapuzinerkresse, die noch ganz grün ist. Von bunten Blüten keine Spur. Aber die ersten Knospen zeigen sich auch dort. Tobi weigert sich, in Orange, Rot oder Dunkelrot rumzulaufen, und trägt demonstrativ sein schwarz-weiß gestreiftes T-Shirt.
In einigem Abstand beobachtet er, wie sich die PGs in Szene setzen und fotografieren. Ich stelle mir das blühende orange-rote Beet zwischen dem

ganzen Gemüse und den vielen Kräutern richtig schön vor.

Auch das Beet von Leon, Paulo, Alina und Mia sieht toll aus. Die vier haben sich für Sonnenblumen und Lavendel entschieden. Gelb und Lila wirkt super und erinnert im Sommer bestimmt an Südfrankreich, Meer und Ferien.

Alina und Mia reden nur miteinander, wenn es unbedingt nötig ist. Eigentlich sprechen sie nicht richtig, sondern zischen sich nur hin und wieder an, um *Informationen* auszutauschen. Ich weiß immer noch nicht genau, warum sich die beiden ständig streiten, aber zwischen ihnen gibt es richtig Zoff. Kein Wunder, dass Alina lieber in unserer AG mitmachen wollte.

Manchmal sehe ich, dass sie sich mit einem lila T-Shirt und ihrem Handy ins Lavendelbeet stellt und Selfies macht. Der Lavendel blüht noch genauso wenig wie die Kapuzinerkresse. Ich wette, Alina hat sich die Idee mit den Selfies bei den PGs abgeguckt. Keine schlechte Idee, wie ich zugeben muss. Vermutlich beobachten die Follower täglich, wie die Pflanzen wachsen, und schicken jede Menge Likes und Kommentare.

Böse Überraschung

Endlich wird es richtig Sommer und richtig heiß. Ich liebe es, wenn es frühmorgens schon warm ist und ich in Sandalen und im Sommerkleid zur Schule gehen kann. Wir gießen die Pflanzen jetzt jeden Tag vor der ersten Stunde. Dabei staunen wir, wie viel Wasser wir brauchen. Die Idee der älteren Schülerinnen und Schüler, Regentonnen aufzustellen, war echt gut, denn trotz der Hitze regnet es nachts manchmal. Weil die Behälter in der Nähe der Beete stehen, müssen wir nicht extra ins Schulgebäude zu den Waschbecken laufen. Außerdem ist es natürlich umweltschonender, kein Wasser aus Leitungen zu verbrauchen.

Auch die Kisten für Kompost sind super, nicht nur, weil wir immer ausreichend Dünger haben, sondern auch, weil die Kisten Deckel haben. Denn der Abfall vergärt und stinkt vor sich hin. »Auf diese Art werden unsere Reste recycelt«, erklärt Demi in fast jeder Biostunde. »Abfall ist wiederverwertbar und ein wertvoller Rohstoff. In Zukunft wird eine Kreislaufwirtschaft entscheidend für den Wohlstand und die Versorgung der gesamten Menschheit sein.«

Ich unterdrücke ein Gähnen. Demi hat ja wieder einmal total recht. Aber muss er das so oft wiederholen?

»Fleischreste gehören allerdings nicht auf den Kompost. Davon werden die Ratten angelockt«, erklärt Demi weiter. Bei dem Wort Ratten sind alle wieder wach. Ein bisschen eklig finden wir den Kompost schon. Aber ehrlich, wenn ich mir vorstelle, dass er unseren Pflanzen beim Wachsen hilft, mag ich den üblen Geruch sogar ein bisschen. Seine Bewohner – die Maden, Asseln, Spinnen

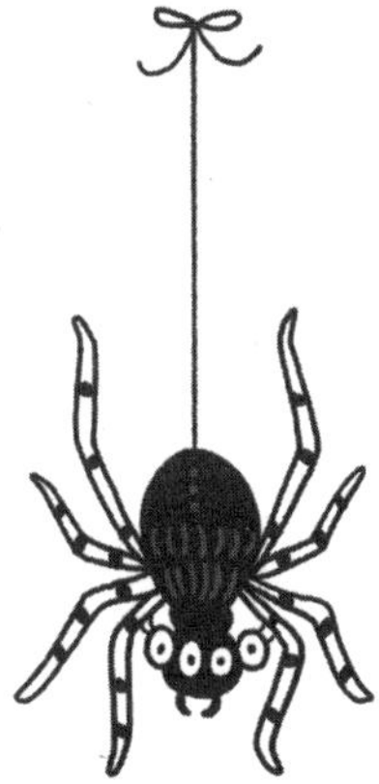

und Würmer – sind extrem nützlich und außerdem mega interessant. So widerstandsfähig wie die kleinen Tierchen möchte ich auch mal sein. Unser Schulgarten entwickelt sich also voll nach Plan. Nur die Schnecken, die träge hin- und herkriechen, stören etwas. Denn sie fressen unsere schönen Blumen, das Gemüse und die Kräuter an.

Heute Morgen bin ich schon sehr, sehr früh in der Schule. Ich schnappe mir eine Gießkanne und fülle sie mit Wasser. Dann suche ich noch einen kleinen Eimer. Falls ich Schnecken sehe, sammle ich sie ein, um sie ein paar Meter weiter bei den Buchen abzusetzen. Als ich zu den Beeten gehe, summe ich fröhlich vor mich hin. Plötzlich höre ich einen krass lauten Schrei:

Alina steht mit weit aufgerissenen Augen vor ihrem

Beet. Schnell laufe ich zu ihr. Als ich neben ihr stehe, ist mir zum Heulen. Mehrere Sonnenblumen und Lavendelblüten sind abgeknickt. Einige Pflanzen sind aus der Erde gerissen, andere liegen platt auf dem Boden. Wir schauen auf die Verwüstung vor uns. »Wer hat das bloß gemacht?«, fragt Alina schließlich und stemmt die Hände in die Hüften.

»Keine Ahnung. Aber wir werden es herausfinden!«, antworte ich entschlossen, denn auch mein Entsetzen wandelt sich schnell in Ärger. »Lass uns jetzt retten, was zu retten ist.«

»Warte, ich mach erst noch ein Foto«, sagt Alina und zieht ihr Handy aus der Hosentasche. Ich schaue sie überrascht an. »Wenn es jemand aus einer anderen Schule oder Klasse war, haben wir eine Aufnahme von dem Beet. Vielleicht brauchen wir es noch als Beweis.« Alina tippt auf ihr Handy. Dann dreht sie sich mit dem Rücken zum Beet und schaut in ihr Display. Jetzt staune ich wirklich. Sie macht Selfies! Will sie Fotos von sich neben den

abgeknickten Pflanzen ins Netz stellen? Während sie mit todtraurigem Gesicht in die Handylinse schaut, dabei den Kopf leicht zur Seite geneigt, knie ich mich hin und schaue mir die Pflanzen genauer an.
Endlich ist Alina fertig und kniet sich neben mich. Wir pflanzen alles wieder ein, was noch halbwegs okay aussieht und Wurzeln hat.
Als wir fertig sind, macht das Beet schon wieder einen ganz guten Eindruck. Die Zerstörung war nicht so schlimm, wie wir im ersten Augenblick befürchtet hatten. Trotzdem kreiselt eine Frage weiter in meinem Kopf: Wer tut so was Gemeines?
Da sehe ich Paulo, der auch mit einer Gießkanne in der Hand zu den Beeten eilt. Seine dunklen Haare glänzen in der Morgensonne, genauso wie die Silberkette, die er um seinen Hals trägt.
»Was ist denn hier passiert?«, fragt er entsetzt, als er neben uns steht. Dabei sieht das

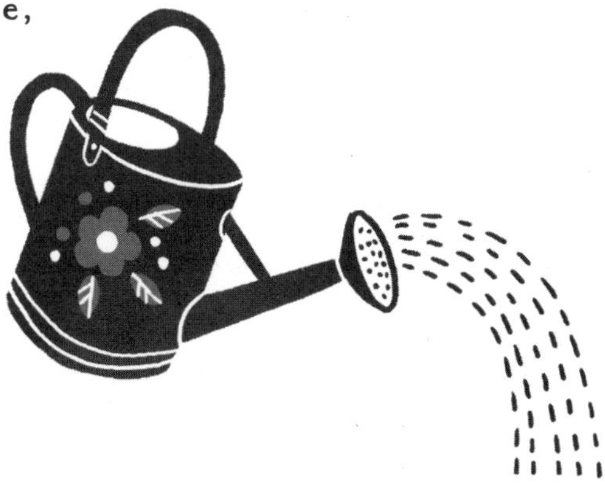

Beet nach unserer Erste-Hilfe-Aktion wieder einigermaßen passabel aus.

»Irgendjemand hat unsere Pflanzen zertrampelt und herausgerissen«, erklärt Alina.

»Das müssen wir sofort Demi sagen!«, ruft Paulo empört.

»Und Leon und Mia«, fügt Alina hinzu.

In dem Moment hören wir die Schelle zur ersten Stunde. Wir bringen unsere Gartengeräte in den Schuppen und gehen ins Schulgebäude. An der Eingangstür treffen wir Demi. Alina will ihn aufhalten, aber er winkt ab und sagt: »Später! Jetzt muss ich zum Unterricht.« Er zieht ein Taschentuch aus der Hosentasche, wendet sich kurz von uns ab und putzt sich kräftig die Nase. »Hoffentlich werde ich nicht krank«, nuschelt er und hustet fürchterlich.

Auweia, in meinen Ohren hört sich das ziemlich schmerzhaft und nach einer fetten Erkältung an. Meine Diagnose lautet: Demi *ist* schon sehr krank. Von *krank werden* kann in seinem Fall keine Rede sein. Er steckt das Taschentuch weg und eilt zum

Physikraum. Wir haben jetzt Kunst, also gehen wir in die entgegengesetzte Richtung zu unserem Klassenzimmer. Herr Abendrot, unser Kunstlehrer, ist noch nicht da.

»Hört mal alle her! Ruhe!«, ruft Alina und stellt sich neben das Lehrerpult. Die Stimmen im Klassenzimmer werden leiser. »In der Nacht hat jemand das Beet von unserer AG zerstört.«

Sofort ist es still in der Klasse.

Sehr still sogar.

Irgendwie zu still.

»Was sagst du?«, fragt Tobi leise.

»Unsere Pflanzen wurden herausgerissen und niedergetrampelt«, sagt Alina empört. »Unsere ganze Arbeit ... Es ist alles total kaputt! Ich kann mir nicht vorstellen, wer das gemacht hat.«

Ihre Beschreibung finde ich ein bisschen übertrieben. Das Beet ist nun wirklich nicht **total kaputt**. Als ob es Alina flasht, im Mittelpunkt zu stehen. Aber bestimmt irre ich mich und sie ist

einfach nur völlig durcheinander. Wahrscheinlich wäre ich genauso geschockt gewesen, wenn **unser** Beet heute Morgen so ausgesehen hätte.

Jetzt hastet Herr Abendrot ins Klassenzimmer.

»Warum ist es hier so leise?«, fragt er fast erschrocken. »Ist etwas passiert?«

Alina erzählt ihm aufgebracht, was wir heute Morgen erlebt haben.

»Zum Glück konntet ihr die Pflanzen retten«, sagt Herr Abendrot schließlich. »Wir machen jetzt mit dem Unterricht weiter. Wie ihr wisst, wollen wir heute Vogelhäuschen für den Schulgarten bauen.«

In den letzten Tagen haben wir noch mehr Getränkepackungen gesammelt. Wenn ich früher gewusst hätte, wofür die alles gut sind, hätte ich sie nicht immer so achtlos weggeworfen. Die gesammelten Packungen stapeln sich in einer Ecke unseres Klassenzimmers.

Alle sind froh, sich in die AGs aufzuteilen, um mit dem Basteln anzufangen. Ein bisschen Ablenkung nach der schlimmen Nachricht tut uns gut.

DIY VOGELHÄUSCHEN

MATERIAL

Getränkepackung // Schere // Plastikreste (zum Beispiel von alten Einkaufstüten oder Lebensmittelverpackungen) // Kleber // Schraubendreher // kleiner Ast // Draht oder Schnur // Vogelfutter

1. Getränkepackung ausspülen und trocknen lassen.

2. Etwa 5 cm über dem Boden eine runde Öffnung in die Packung schneiden.

3. Aus den Plastikresten schöne Formen (Blumen, Wolken, Blätter, Bäume …) schneiden und auf die Packung kleben.

4. Mit dem Schraubendreher kleine Löcher in den Boden bohren, damit Wasser abfließen kann.

5. Den Verschluss der Packung oben zudrehen.

6. Oben mit der Schere ein kleines Loch durchstoßen und einen Draht oder eine Schnur zum Aufhängen durchziehen.

7. Unter dem Eingang einen kleinen Ast durchführen.

8. Etwas Vogelfutter in das Vogelhaus legen und draußen aufhängen.

Als ich mitten in der Arbeit zum Papiereimer gehe, um meinen Spitzer auszuleeren, stoße ich fast mit Alina zusammen. »Warum warst du eigentlich heute Morgen so früh bei den Beeten?«, fragt sie mich und wirft einen Schnipsel Papier in den Eimer.

»Um unsere Blumen zu gießen«, antworte ich, während ich den Spitzer ausleere.

»Sonst bist du doch auch nicht so früh da«, bemerkt sie und schaut mich mit halb zusammengekniffenen Augen an.

»Doch, in letzter Zeit war ich immer früh bei unserem Beet. Eigentlich war ich in den letzten Wochen jeden Tag sehr, sehr pünktlich. Genau genommen, seitdem mich Stegi bei der letzten AG-Aufteilung zu den PGs geschickt hat«, erkläre ich und erinnere mich daran, wie ungern ich anfangs mit Sissi zusammen den Auftritt für unser Schulfest geplant habe. »Aber warum fragst du mich das?«

»Ach, nur so ...«, antwortet Alina und kräuselt die Lippen. »Es wundert mich einfach, dass du schon vor mir bei den Beeten warst.«

Vor mir?

Ich bin irritiert. Alina stand schon an den Beeten, als ich zu ihr gekommen bin. Ist sie erst gekommen, nachdem ich die Gießkanne mit Wasser gefüllt habe? Oder war Alina schon da, bevor ich an der Regentonne war? Ich weiß es nicht mehr. Während ich nachdenke, schaltet sich Emma ein, die in der Nähe sitzt und mitgehört hat.

»Willst du etwa behaupten, dass Isy euer Beet zertrampelt hat?«, fragt sie.

»Das hast du gesagt, nicht ich«, antwortet Alina schnippisch.

Emmas Blick wandert von Alina zu mir. »Echt jetzt? Warst du das?«

Ich stehe völlig fassungslos zwischen den beiden und weiß nicht, was ich dazu sagen soll. Alina nutzt meine Sprachlosigkeit aus und meint: »Irgendjemand muss es schließlich getan haben!« Sie schießt noch ein Papierkügelchen in den Eimer, bevor sie zurück an ihren Platz geht. Dann setzt sie sich langsam hin und bastelt seelenruhig weiter. Ich stehe erstarrt da und beobachte Emma, die jetzt ebenfalls so tut,

als sei nichts geschehen, und kleine Wolken auf ihr Vogelhäuschen klebt.
»Du glaubst doch nicht wirklich, dass ich das Beet zerstört habe?«, frage ich sie ungläubig. Doch Emma schaut mich nicht mal mehr an. Sie schneidet einfach weiter und kaut dabei auf ihrer Unterlippe. Ich frage diesmal lauter: »Warum sollte ich so etwas machen?«

Emma nuschelt: »Weiß ich doch nicht.«

»Logo. Es gibt nämlich keinen Grund.« Wütend gehe ich zu Alina. »Warum behauptest du so etwas?«, frage ich sie und merke, dass ich richtig sauer auf sie bin.

»Was habe ich denn bitte *behauptet*?«, fragt Alina. »Ich habe dich nur gefragt, warum du heute so früh bei dem Beet warst. Krass, dass du direkt so wütend wirst.«
Ich schaue sie mit offenem Mund an. Einfach etwas anzudeuten und sich anschließend für nichts verantwortlich zu fühlen, ist echt richtig fies. So funktionieren **Fake News**! Nur bin ich nicht in der

digitalen Welt, sondern im wirklichen Leben. Was sich hier abspielt, ist echt seltsam. Ich will das alles so schnell wie möglich vergessen. Mit einem merkwürdigen Ziehen im Magen gehe ich wieder zu Fee, Moritz und Yasim und setze mich zu ihnen. Meine AG hat von dem Gespräch nichts mitbekommen.

»Ist dir nicht gut?«, fragt Fee und legt ihren Stift zur Seite. »Du siehst richtig blass aus.«

»Ist schon okay«, antworte ich und nehme eine Schere in die Hand. Doch tief in mir weiß ich genau, dass etwas ganz und gar nicht in Ordnung ist. Aber wenn es drauf ankommt, werde ich mich wehren.

NiCHT SCHON *wieder!*

Obwohl ich mir fest vorgenommen habe, die Begegnung mit Alina und Emma schnell aus meinen Gedanken zu vertreiben, gelingt es mir nicht. Dabei ist mein Nachmittag mit Klara und meinem kleinen Bruder Ben richtig schön. Zum Abendessen gibt es sogar einen superleckeren Gemüseauflauf. Trotzdem kann ich in der Nacht nicht schlafen. Ich wälze mich hin und her. Manchmal nicke ich kurz ein und schrecke gleich wieder hoch, weil ich abgeknickte Blumen und Kräuter vor mir sehe, auf denen fette Schnecken kriechen. In meinen Träumen ist das Beet von Alinas AG nicht mehr zu retten, weil wirklich alle, alle Pflanzen rausgerissen, zertrampelt und platt sind. Als mir wieder einfällt, dass mich Sissi vor einigen Monaten vor der ganzen Klasse als Diebin hingestellt hat, bin ich endgültig hellwach. Sie hat einfach behauptet, dass ich ihren Füller gestohlen habe. Dabei hatte sie ihn mir selbst in meine Tasche gesteckt und später allen gesagt, ich hätte ihn geklaut. Das war vor dem Schulfest und unserem gemeinsamen Auftritt. Eigentlich ist inzwischen alles ganz okay zwischen uns. Trotzdem war es sehr schmerzhaft zu erleben, wie schnell ein Mensch durch eine bloße Behauptung von einem anderen in eine schlimme Situation gebracht werden kann. Meine Gedanken springen wie kleine Monster in meinem Kopf hin und her und geben einfach keine Ruhe. Grrh!

Zum Glück weiß ich, dass sie bei Tageslicht wieder verschwinden. Und so ist es auch heute Morgen. Als die Sonne durch mein Fenster scheint und die Dunkelheit wieder in helle Farben verwandelt, stehe ich auf, gehe in die Küche und mache mir Frühstück.

DIY

veganer APFEL-ZIMT-PORRIDGE

ZUTATEN

4 EL Haferflocken
1/2 Glas Wasser
1 kleiner Apfel
1/2 Glas pflanzliche Milch, z. B. Hafer- oder Mandeldrink
Rosinen, Zimt, Datteln, Nüsse

1. 4 Esslöffel Haferflocken in einen Topf geben.

2. Mit 1/2 Glas Wasser übergießen.

3. Auf mittlerer Hitze quellen lassen.

4. In der Zwischenzeit den Apfel klein schneiden.

5. Mandeldrink hinzugeben und kurz köcheln lassen. Dabei ab und zu umrühren.

6. Rosinen, Zimt, Datteln und Nüsse nach Belieben dazugeben und unterrühren.

7. Zum Schluss die Apfelstücke hinzugeben.

8. In eine Müslischale geben und genießen.

Während der Porridge auf dem Herd köchelt, mache ich mir noch einen Kräutertee, weil mich sein Duft und Geschmack immer beruhigen. Das Frühstück schmeckt genial und hebt schlagartig meine Laune. Ich habe es fast aufgegessen, als ich die Schritte meines Vaters höre. »Du bist schon wach?«, fragt er erstaunt, während er in die Küche schlurft. Er gähnt und knotet sich den Bademantel fester um den Bauch.

»Ich konnte nicht mehr schlafen«, antworte ich und trinke den letzten Schluck Tee.

»Warum das denn nicht? Hast du Probleme?«, fragt er besorgt und ist plötzlich hellwach. Denn er kennt mich natürlich krass gut und weiß, wie gern ich ausschlafe und dass etwas in meinem Leben nicht in Ordnung ist, wenn ich morgens vor ihm in der Küche sitze.

Trotzdem antworte ich mit »Alles easy!« und schüttele verneinend den Kopf. Das ist nicht richtig gelogen, denn als echtes, großes, wirkliches Problem würde ich meinen gestrigen **Zusammenstoß** mit Alina und Emma nicht bezeichnen. Na ja, vielleicht, wenn ich ganz ehrlich zu mir bin, als eine böse Vorahnung? Ich kenne meinen Vater natürlich genauso gut wie er mich und weiß, dass er sich mit einem »Alles easy!« nicht zufriedengibt.

BINGO!

Ich habe mich nicht geirrt. Die nächste Bemerkung, die ich heute Morgen echt nicht brauche, kommt sofort: »Es gibt doch einen Grund, warum du vor mir wach bist«, sagt er und brüht Wasser für den Kaffee auf.
»Die Sonne schien mir ins Gesicht«, rede ich mich raus und bin froh, dass ich auch diesmal nicht richtig lüge. Jetzt stehe ich schnell auf, gehe zum Waschbecken und spüle kurz mein Geschirr ab.
»Dein Zimmer liegt im Osten. Die Sonne scheint fast jeden Morgen durch dein Fenster«, erwidert mein Vater. »Was ist der wahre Grund?«

Wie ich befürchtet habe: Mein Vater kennt mich einfach zu gut.

»Ist doch cool, dass ich mal früher als sonst wach bin. Dann kann ich schon vor dem Unterricht unser Beet gießen und dabei auch ein paar Schnecken einsammeln«, erkläre ich. Ich weiß, wenn ich mit meinem Vater über Alinas blöde Bemerkung spreche, kann ich mir selbst nichts mehr vormachen. Dann wird aus meiner Ahnung eine konkrete Vermutung. Und mit so etwas will ich mich im Moment nicht auseinandersetzen.

Ich will einfach nicht.

Lieber will ich alles ein bisschen verdrängen und so tun, als sei alles in Ordnung. Lieber will ich mich auf den Tag, den Schulgarten und meine AG *freuen*.

Also schlüpfe ich schnell aus der Küche. In meinem Zimmer hebe ich Pullover, Hosen und Socken vom Boden, räume die Sachen in den Schrank und stopfe Hefte und Bücher in meine Schultasche. Weil ich immer noch sooo viel Zeit habe, trödele ich ein bisschen rum und kritzele ein paar Blätter, Blumen und Muster in meinen Block. Plötzlich merke ich, dass ich doch gar nicht mehr sooo viel Zeit habe. Ich gehe schnell ins Bad, wasche mich kurz und binde mir meine Haare mit einem bunten Band zu einem Knoten. Dann laufe ich in die Küche. Meine Mutter ist inzwischen auch wach und trinkt mit meinem Vater zusammen den frisch gebrühten Kaffee. Ich winke den beiden kurz zu, sage »Tschüss!« und laufe schnell zur Wohnungstür, bevor meine Mutter mir auch noch nervige Fragen stellen kann.

Der Schulweg in der Morgensonne ist wunderbar: Alles sieht friedlich und frisch aus. Die Luft ist klar und die Vögel zwitschern so laut, als wollten sie alle Langschläfer der Stadt aufwecken. Neugierig laufe ich über den Schulhof weiter zu unserem Beet.
Ich benehme mich maximal albern, ich weiß! Es gibt keine Pflanzen, die über Nacht einen halben Meter in die Höhe sprießen. Trotzdem will ich unbedingt wissen, wie unsere Stauden heute aussehen. Gibt es vielleicht schon eine rote Tomate?

Dann stoppe ich unvermittelt im Lauf. Obwohl es immer noch früh ist, bin ich nicht allein. Emma, Sissi und Soraya sind schon da und stehen nebeneinander vor ihrem Beet. Merkwürdig, heute Morgen reden und kichern sie nicht wie sonst. Die drei schweigen und lassen die Köpfe hängen. Wie sie so in ihren orangen, roten und dunkelroten T-Shirts dastehen, erinnern sie mich an verwelkte Kapuzinerkresse.

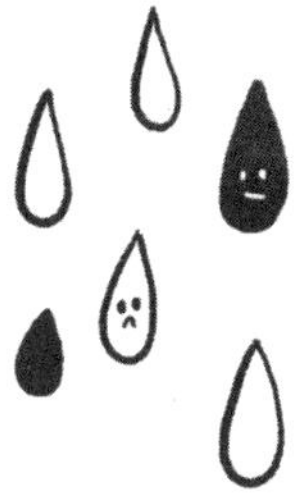

Plötzlich begreife ich, warum. O nein, nicht schon wieder!, denke ich und laufe weiter zu ihnen. Ich kanns echt nicht fassen. Die Kapuzinerkresse liegt platt auf dem Boden. Die kleinen Äste, die den Stängeln beim Wachsen Halt geben sollen, liegen daneben. Die Erde ist aufgewühlt. Es sieht schrecklich aus! Ein *Guten Morgen!* oder *Alles okay?* ist jetzt gerade nicht angebracht. Deswegen halte ich besser den Mund und stelle mich einfach neben die PGs.
Emma dreht sich ruckartig zu mir. »Was machst du hier schon wieder so früh?«, fragt sie mich mit gerunzelter Stirn.

Hey, was soll das?! Ist sie einfach nur schlecht gelaunt? Oder will sie mir unterschieben, dass ich ihr Beet zertrampelt habe?
»Ist doch jetzt völlig egal!«, sagt Sissi, die ihren Blick nicht von den Blumen wendet. »Wir sind schließlich auch schon früh hier. Lasst uns lieber die Pflanzen wieder aufrichten!« Sie kniet sich in die Erde und betrachtet dann genau die Kapuzinerkresse oder besser gesagt das, was davon übrig geblieben ist. »Die meisten Setzlinge können wir wieder einpflanzen«, stellt sie fest und hebt einen Stängel hoch, an dem dünne Wurzeln hängen. »Der hier sieht beispielsweise ganz okay aus. Ist fast alles dran. Worauf wartet ihr?«
Emma und Soraya knien sich neben ihre Freundin. Zu dritt setzen sie die kleinen Pflanzen wieder ein und stecken die Äste neben sie in die Erde, um den Stängeln Halt zu geben. Die drei sind so beschäftigt, dass sie mich gar nicht mehr beachten. Deswegen frage ich auch nicht, ob ich ihnen helfen soll, sondern drehe mich um und gehe nachdenklich zur Regentonne. Mit voller Gießkanne kehre ich zurück

zu unserem Beet. Das sieht zum Glück wunderbar aus, denke ich, während ich an den Kräutern schnuppere. Dann sehe ich noch einmal zu den PGs hinüber, die weiter mit Schaufel, Setzlingen und Erde hantieren. Ich ziehe mein Handy aus der Tasche und schaue auf die Uhr: Bald beginnt der Unterricht. Also bringe ich die Gießkanne zurück in den Gartenschuppen und gehe ins Schulgebäude.

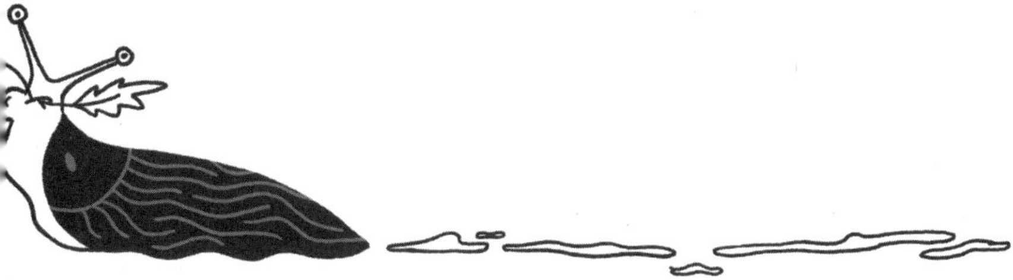

SPUREN und SCHNECKEN

Fee, Moritz und Yasim sind schon im Klassenzimmer. Sie stehen zusammen am Fenster und quatschen. Ich laufe zu ihnen und erzähle, was ich gerade an den Beeten erlebt habe. Kurz darauf stürmen auch die PGs hinein. Sissi stellt sich neben das Pult und ruft: »Ruhe!« Doch alle reden weiter. Dann hält sie sich die Hände vor den Mund und ruft noch lauter: »Unser Beet wurde auch zertrampelt.« Jetzt ist es still in der Klasse. »Das haben Emma, Soraya, Isy und ich eben entdeckt«, fährt Sissi nun leiser fort. Wie gestern weiß auch heute erst einmal niemand, was es dazu zu sagen gibt. »Wie schlimm ist der Schaden denn?«, fragt Tobi schließlich leise.

Stimmt, er ist in derselben AG und hat das Beet noch gar nicht gesehen.
»Das Beet von Alinas AG sah gestern schlimmer aus«, sagt Soraya, die neben Sissi steht und an ihrer blauen Haarsträhne dreht. »Die meisten Pflanzen konnten wir wieder einsetzen und aufrichten.«
»War Isy heute Morgen zufällig auch schon so früh da wie gestern?«, fragt Alina plötzlich und schaut dabei Sissi an, als ob ich gar nicht im Raum wäre.
»Ich meine, war Isy vor euch an den Beeten?«, fragt sie weiter.
Jetzt drehen sich alle zu mir und starren mich an. Mir wird ganz heiß. Ich werde so rot wie blühende Kapuzinerkresse. Dabei habe ich doch gar nichts gemacht! Aus meiner Starre wird Wut. »Ich war an unserem Beet, um die Pflanzen zu gießen«, sage ich und merke, dass meine Stimme zittert. Langsam werde ich richtig, richtig sauer auf Alina, die mich jetzt doch ansieht und dabei die Lippen zusammenkneift. Das ist so was von ultragemein! Ich kann mich noch nicht mal gegen sie wehren, weil sie schon wieder nichts behauptet. Sie stellt einfach nur

Fragen und lässt die anderen daraus Schlüsse ziehen, die gegen mich zielen. Wie fies! Glaubt sie wirklich, dass ich grundlos ein Beet zertrampele? Das kann doch nicht wahr sein!

Fee legt beruhigend den Arm um meine Schultern, weil sie merkt, dass mittlerweile nicht nur meine Stimme, sondern auch mein ganzer Körper zittert. Das ist lieb von ihr gemeint, aber ich will kein Mitleid.

Moritz schaut mich mit seinen hellen Augen an und lächelt mir aufmunternd zu. Das ist zwar besser als Mitleid, hilft mir aber auch nicht weiter. Ich überlege verzweifelt, wie ich mich verhalten soll. Da rauscht anstelle unseres Biolehrers unsere Klassenlehrerin, Frau Steglein, ins Zimmer und wir verteilen uns auf unsere Plätze.

»Leider ist Herr Demircan krank«, sagt sie und stellt ihre Tasche aufs Pult. »Ich übernehme heute seine Stunde. Also, Deutsch- statt Biounterricht. Machen wir mit unserer Lektüre weiter.«

So ein Mist! Aber eigentlich habe ich es mir ja schon gedacht, so heftig wie Demi gestern gehustet und

geschnupft hat. Vermutlich hat er eine fette Grippe und ist die nächsten Tage, vielleicht sogar die nächsten Wochen, krankgeschrieben.
Von Stegis Deutschunterricht kriege ich heute so gut wie nichts mit. Als es zur Pause schellt, freue ich mich kein bisschen. Stattdessen fürchte ich mich vor den bösen Blicken und blöden Bemerkungen der anderen. Ich nehme meinen Pausensnack und gehe schnell aus dem Klassenzimmer.
Fee, Moritz und Yasim laufen mir hinterher. »Warte doch auf uns!«, ruft Fee. Ich bleibe stehen und bin erleichtert. Ich bin nicht allein, meine Freunde halten zu mir.
»Echt uncool, die Sache mit den Beeten«, sagt Moritz, als wir auf dem Schulhof stehen.
»Und die Bemerkung von Alina eben war mehr als blöde!«, stimmt Fee zu.
»Krass daneben«, meint auch Yasim. Zu viert schlendern wir an den Tischtennisplatten vorbei. Ich halte den anderen meine Tüte mit gebrannten Mandeln hin, die ich vor einigen Tagen mit Klara gemacht habe.

DIY gebrannte MANDELN

ZUTATEN

1 Tüte ganze Mandeln (200 Gramm)
2-3 EL brauner Zucker
2 EL Ahornsirup
4 TL Zimt
eine Prise Salz

1. Den Ofen auf 180 Grad (Ober- und Unterhitze) vorheizen.

2. Die Mandeln in eine Schüssel geben.

3. Zucker, Ahornsirup, Zimt und Salz in einer Tasse vermischen.

4. Die Mischung über die Mandeln gießen und gut unterrühren.

5. Ein Backblech mit Backpapier auslegen.

6. Die Mandeln gleichmäßig auf dem Backpapier verteilen.

7. Das Backblech in den Ofen schieben. Nach 10 Minuten mit einem Pfannenwender durchmischen und wenden.

8. Nach weiteren 10 Minuten aus dem Ofen holen und abkühlen lassen.

»Wer zerstört einen Schulgarten?«, fragt Fee und schiebt sich eine Mandel in den Mund. »Ob das Jugendliche aus einer anderen Schule waren?«

»Einfach so?«, fragt Yasim und dreht an seinem Ohrring. »Glaub ich nicht. So abgefahren ist doch niemand.«

Plötzlich habe ich eine Idee. Ich ziehe mein Handy aus der Tasche. Mit ein paar Klicks bin ich auf Alinas Post und scrolle direkt zu den Kommentaren unter ihren Selfies vor dem Beet, auf denen sie so übertrieben traurig ins Handy schaut. Ein Kommentar fällt mir unangenehm auf:

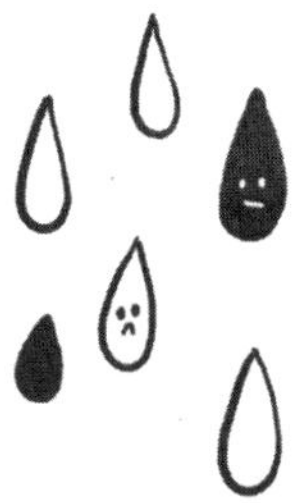

»Fängst du gleich an zu heulen? Komm doch rüber zu uns. Wir trocknen dir die Tränen ... Die Bad Boyz«

Mir wird irgendwie komisch. Ich reiche Yasim mein Handy. »Komm doch rüber zu uns?«, liest er laut und schüttelt missbilligend den Kopf. »Und was für ein bescheuerter Name: Bad Boyz.«

»Das Bertold-Brecht-Gymnasium ist nicht weit von unserer Schule entfernt. Alle nennen es das BB«, sagt Fee.

Ich weiß, worauf Fee hinauswill. »BB ... das sind genau dieselben Anfangsbuchstaben wie Bad Boyz.«

Wir sehen uns nachdenklich an.

»Ob die Bad Boyz wirklich Schüler aus dem BB sind, wissen wir nicht. Und ob sie die Beete zerstört oder nur einen gemeinen Kommentar geschrieben haben, wissen wir genauso wenig«, sagt Moritz schließlich.

»Dann sollten wir es heraus-kriegen«, sage ich, bevor ich ein Stück einer Mandel abbeiße.

»Abends waren sie bestimmt nicht im Garten«, sagt Yasim. Dabei zeigt er auf die Kneipe gegenüber unserer Schule. »Dafür sind hier nachts zu viele Menschen.«

»Stimmt, die Kneipenbesucher würden vielleicht merken, wenn sich nachts jemand auf unserem Schulhof rumtreibt«, sage ich.

»Wenn es die BBs sind, kommen sie vermutlich vor Schulbeginn«, wirft Yasim ein. »Auf jeden Fall überzeugt Alina in absehbarer Zeit die gesamte

Klasse davon, dass du die Beete zertrampelst, wenn wir nicht schnell herausfinden, wer wirklich dahintersteckt.«

»Das dürfen wir nicht zulassen.« Fee wirft entschlossen ihre roten Haare nach hinten. »Wir brauchen einen Plan!«

»Coole Idee! Fehlt nur noch der Plan«, meint Moritz und grinst Fee an.

»Wenn es wirklich Jungs aus dem Bertold-Brecht-Gymnasium sind, die vor Schulbeginn in unseren Garten schleichen, sollten wir auch da sein und Fotos von ihnen machen«, sage ich.

»Genau! Wir erwischen sie auf frischer Tat«, stimmt Yasim zu.

»Meine Eltern erlauben nicht, dass ich im Morgengrauen Detektiv spiele«, sagt Moritz sofort.

»Meine Mutter bestimmt auch nicht«, meint Fee.

»Wir können unseren Eltern sagen, dass wir Schnecken einsammeln müssen, weil sie unsere Pflanzen anknabbern«, schlage ich vor. »Wir

erklären ihnen die Aktion als eine Art Hausaufgabe. Und wir können ja wirklich ein paar Schnecken fangen. Von denen gibt es hier leider mehr als genug.«

»Ich kann mir nicht vorstellen, dass meine Eltern mir das abnehmen. Meine Mutter ruft garantiert Stegi an, um nachzufragen, ob es stimmt, was ich ihr erzähle«, sagt Moritz. »Dann fliegt alles auf.«

»Meine Eltern erlauben mir das bestimmt«, meint Yasim. »Die freuen sich über die satte Energie von ihrem Sohn, der superfrüh aufsteht, um auf Schneckenfang zu gehen.«

»Du hast coole Eltern«, sagt Fee. »Meine Mutter macht sich ständig Sorgen, dass mir was passiert.«

Ich bin nicht sicher, ob Yasims Eltern wirklich derart cool sind oder ob er sich nur wünscht, dass sie so lässig reagieren. Aber das ist nicht mein Problem.

»Tatsache! Meine Eltern sind voll okay. Die arbeiten nur zu viel«, erklärt Yasim.

Während wir zurück in unser Klassenzimmer gehen,

frage ich mich, ob mir *meine* Eltern auch erlauben, dass ich so früh allein zur Schule gehe, um in unseren Beeten Schnecken zu suchen. Und vor allem frage ich mich, ob sie es mir glauben.

SOCIAL MEDIA

Als ich von der Schule nach Hause komme, ist Klara schon da. Sie sitzt in der Küche und trinkt Kakao. Ich mache mir auch einen Becher und setze mich zu ihr. Dann erzähle ich ihr von unserem Plan.

»Ihr wollt also herausfinden, ob die Jungs von der Nachbarschule eure Beete verwüsten?«, fasst Klara zusammen.

»Genau! Deswegen wollen wir uns früh morgens im Schulgarten verstecken und beobachten, ob jemand kommt«, antworte ich.

»Und Alina schiebt dir unter, du würdest absichtlich die Beete zerstören? Wie kommt sie denn darauf?«, fragt Klara nachdenklich und nippt an ihrem Becher.

»Keine Ahnung. Irgendwie kann sie mich nicht leiden. Vielleicht, weil sie in unsere AG wollte«, erkläre ich ihr.
»Was will Alina eigentlich mit den Selfies vor dem Beet bezwecken?«
Wieder nehme ich mein Handy und gebe Alinas Namen ein. Ich schaue mir ihre Fotos genauer an und entdecke ein Video, das eben noch nicht da war. Oder habe ich es übersehen? Ich tippe auf Play und höre Alinas Stimme: »Abgefahren! Unser Beet wurde zertrampelt. Pflanzen schützen, nicht zerstören! Wenn ihr wissen wollt, wer das war: Bleibt dran! Wer ist der Täter? Oder die Täterin?« Darunter unzählige Likes, Emojis und Kommentare.

Dann kommt ein weiteres Video von Alina: »Ich habe einen Verdacht, wer es war. Eine Mitschülerin war heute ganz früh am Beet. Viel zu früh, wenn ihr mich fragt …«
Ich schlucke, als ich das höre. Das ist wirklich

schlimm. Alle aus der Schule, die Alinas Posts folgen, werden sofort an mich denken. Und das sind vermutlich nicht wenige.

»Alina basht dich! Ihr solltet wirklich schnell herausfinden, wer die Beete zerstört«, sagt Klara. »Aber schlaft nicht ein, während ihr im Morgengrauen hinter den Büschen wartet.«

»Nicht lustig«, antworte ich. »Hilf mir lieber dabei, unsere Eltern von der Schneckenaktion zu überzeugen, damit ich so früh rausgehen darf.«

»Okay, ich helfe dir«, sagt Klara. »Aber dann schuldest du mir was.«

»Und was?«, frage ich.

»Wenn du Ben heute Abend seine Gutenachtgeschichte vorliest, damit ich in Ruhe telefonieren kann, gebe ich dir Rückenwind«, antwortet Klara sofort.

»Abgemacht«, sage ich. Auf Ben passe ich gern auf. Der Deal fällt mir leicht.

»Lass uns schon einmal das Abendessen kochen«, schlägt Klara vor. »Wenn etwas Leckeres auf dem Tisch steht, haben Mama und Papa gute Laune. Dann können wir sie besser von eurer Schneckenjagd überzeugen.«

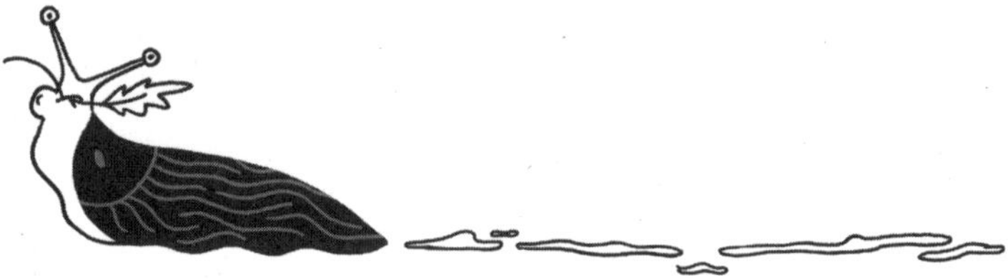

Wir schauen in unsere Vorratskammer und finden noch genügend Gemüse für eine leckere Suppe. Während wir kochen, hören wir den Schlüssel in der Haustür. Kurz darauf stürmt Ben in die Küche und läuft mir in die ausgebreiteten Arme. »Hunger!«, sagt er und zeigt auf den Topf, in dem die Suppe köchelt.

Dann kommt meine Mutter, fährt sich durch die kurzen Haare und schnuppert: »Mmh, riecht das gut. Super, dass ihr gekocht habt! Papa ist auch gleich da.«

Gemeinsam decken wir den Tisch. Wir sind gerade fertig, als mein Vater in die Küche schlendert. Wie jeden Abend sitzen wir zu fünft zusammen und sprechen darüber, wie der Tag war. Ich erzähle von unserem Schulgarten, in dem es vor Schnecken nur so wimmelt. Was schließlich stimmt. Schnecken haben wir wirklich viel zu viele in unseren Beeten.

»Unsere AG hatte die Idee, dass wir uns mal am frühen Morgen treffen und Schnecken fangen«, sage ich und rühre meine Suppe um, damit ich meine Eltern nicht ansehen muss.

»Super Idee!«, sagt Klara direkt und zwinkert mir zu. »Das solltet ihr schnell machen, bevor die Knospen angefressen werden.«

»Was meint denn euer Biolehrer dazu?«, fragt Papa nach.

»Der liegt mit Grippe im Bett«, antworte ich.

»Also, ich weiß nicht«, sagt Mama nachdenklich. »In der Morgendämmerung im Schulgarten Schnecken fangen … und das ohne Lehrer. Dabei habe ich kein gutes Gefühl.«

»Was soll denn schon passieren?«, fragt Klara und kratzt ihren Teller mit dem Löffel aus. »Im Winter ist es morgens noch stockdunkel und wir gehen in die Schule.«

»Und die anderen aus deiner AG sind wirklich

dabei?«, fragt meine Mutter zögernd nach. »Bist du sicher, dass ihre Eltern das erlauben?«

»Ich bin bestimmt nicht allein«, sage ich ausweichend und füge schnell hinzu: »Und ich nehme mein Handy mit und texte euch stündlich. Versprochen!«

»Ich finde die Idee cool und sehr verantwortungsvoll. Schließlich muss ein Beet gepflegt werden. Dazu gehört auch die Beseitigung von Ungeziefer und Schnecken«, erklärt Klara. Ehrlich, sie trägt echt dick auf. Hoffentlich merken meine Eltern nicht, dass wir uns abgesprochen haben. Mama und Papa merken nämlich ziemlich viel. Aber zum Glück plappert Ben dazwischen.

»Satt«, sagt er und lässt seinen Löffel in die Suppe fallen. Es spritzt, Ben lacht und meine Mutter springt auf, um einen Lappen zu holen. Die Diskussion ist beendet und meine Eltern haben die Schneckenjagd nicht verboten. Das wäre geschafft! Zumindest so gut wie.

»Schmeckt es euch?«, frage ich, um endgültig das Thema zu wechseln.

»Köstlich!«, antwortet mein Vater und wischt sich

den Mund ab. Dann schaut er auf die Uhr. »Schon so spät? Mist, ich muss heute Abend noch einen Bericht zu Ende schreiben.«

»Und ich muss Mails beantworten«, stöhnt meine Mutter.

»Setzt euch einfach an eure Rechner«, sagt Klara und steht auf. »Wir räumen ab!«

Als meine Eltern aus der Küche sind, flüstert Klara mir zu: »Ist doch gut gelaufen, oder? Wann wollt ihr eigentlich eure Aktion starten?«

»Das steht noch nicht genau fest. Es sollte nicht unbedingt regnen«, sage ich und grinse, als ich mir vorstelle, wie wir uns mit aufgespanntem Regenschirm hinter Büschen verstecken.

»Clever!«, sagt Klara. »Schon auf die Wetter-App geschaut?«

»Mach ich sofort, wenn wir hier fertig sind«, antworte ich. Wir räumen ab und spülen, während Ben mit seinen Dinos um unsere Füße kreist und faucht. Als die Küche ordentlich aussieht, zieht Klara ihr Handy aus der

Hosentasche und ich verziehe mich mit meinem kleinen Bruder in sein Zimmer. Während er auf dem Boden liegt und mit dicken Stiften einen Baum malt, texte ich den anderen:

Isy: Bei mir ist alles klar.
Und bei euch so?

Moritz antwortet sofort.

Moritz: Sorry, werde nicht bei der Schneckenjagd dabei sein. ☹

Ich merke einen kleinen Stich im Herzen. Ich hätte es echt cool gefunden, wenn Moritz mitgemacht hätte. Dann kommt die nächste Nachricht:

Fee: Wie erwartet: Meine Ma war not amused.

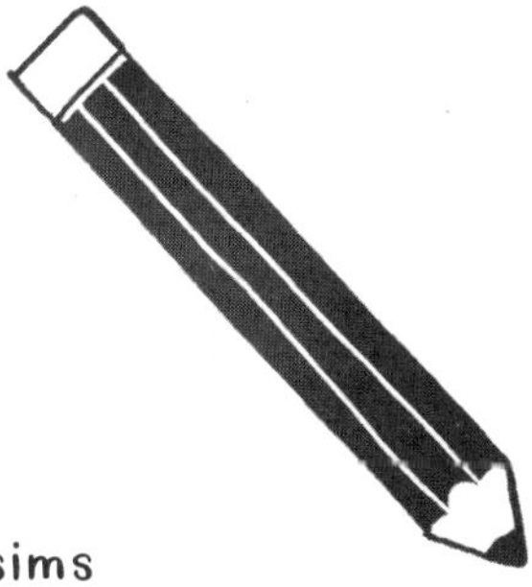

Jetzt fehlt nur noch Yasim. Ich schaue zu Ben, der zufrieden nach seinem schwarzen Stift greift und ein Auto malt. Dabei schiebt er ab und zu seine Zunge zwischen seine Lippen. Gut, mein kleiner Bruder ist beschäftigt. Bevor ich weiter auf Yasims Antwort warte und dabei nichts tue und mich langweile, werde ich lieber kreativ. Also nehme ich eine alte Zeitschrift und schneide zwei große Vierecke aus. Dabei achte ich darauf, dass ein Viereck überwiegend aus hellen Farben und ein Viereck überwiegend aus dunklen Farben besteht. Ben sieht, dass ich bastele, und kommt sofort zu mir. Er setzt sich auf meinen Schoß und schaut mir zu, wie ich eine Origamiblume falte.

DIY ORIGAMIBLUME

MATERIAL

2 quadratische Blätter in verschiedenen Farben //
1 Stück Pappe

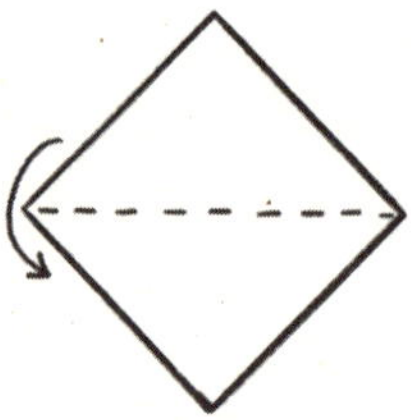

1. Für die Blüte das quadratische Papier in der Mitte zu einem Dreieck falten.

2. Eine Ecke schräg zur gegenüberliegenden Seite hin falten.

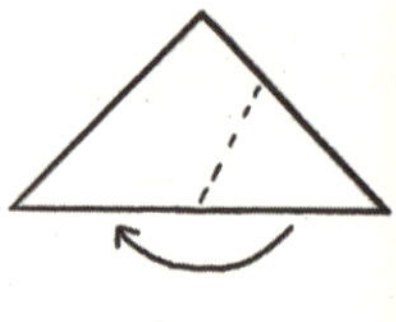

3. Die Ecke nun darüberfalten.

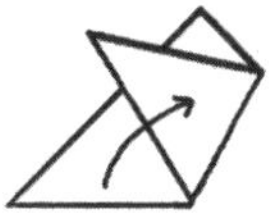

4. Die untere Ecke nach hinten falten.

5. Für den Stängel das andere Papier in der Mitte falten und wieder auseinanderstreichen.

6. Dann beide Seiten an der mittigen Linie entlang falten.

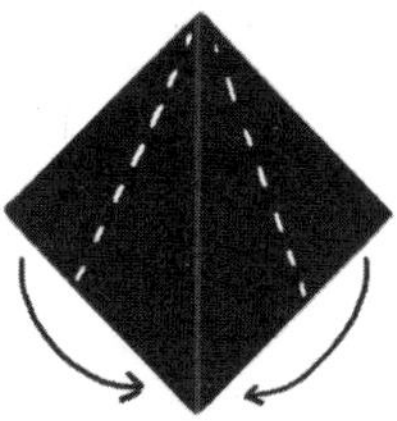

7. Wieder in der Mitte zusammenfalten.

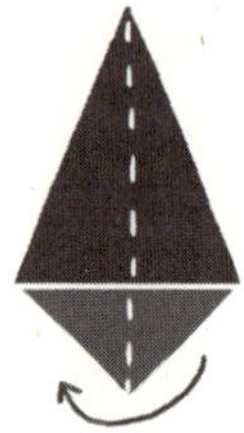

8. Die untere Ecke für das Blatt schräg nach oben falten.

9. Die Blüte am Stängel festkleben.

voilà!

Ich klebe die Blume auf ein Stück bunte Pappe und stecke sie an meinen Spiegel, als mein Handy aufleuchtet:

Yasim: Ich bin am Start!

Isy: Yasim, dann nur wir zwei?

Yasim: Sieht danach aus!

Isy: Okay!

Yasim: 🙂

Isy: Alles Weitere morgen?

Yasim: 👍

DEAL!

Am nächsten Morgen treffe ich Yasim zufällig auf dem Weg zur Schule. Obwohl es noch so früh ist, ist es schon warm. Yasim trägt Flip-Flops und Shorts, ich meine grünen Sandalen, die zum gelben Kleid passen.

»Hi, wann machen wir uns auf die Schneckenjagd?«, fragt er mich, während wir nebeneinander über den Bürgersteig laufen. Die Menschen hasten zur Arbeit, aber mit Yasim an der Seite habe ich trotz der Hektik um mich herum das Gefühl, als ob wir alle Zeit der Welt hätten.

»Laut Wetter-App regnet es die nächste Nacht nicht. Danach sind Wärmegewitter angekündigt«, antworte ich, während wir an einer roten Ampel warten.

»Also, dann starten wir gleich morgen früh«, sagt er und grinst.

»Um sechs Uhr vor der Schule, abgemacht?«, frage ich und halte ihm die Hand hin.

»Deal!«, antwortet Yasim und schlägt ab.

»Hoffentlich stehen wir morgen nicht umsonst so früh auf«, sage ich.

»Wenn morgen niemand kommt, wiederholen wir die Aktion einfach«, antwortet Yasim. »Irgendwann haben wir Erfolg.«

Ich denke an meine Eltern und daran, dass ich bestimmt nicht jeden Morgen so früh wegdarf. Aber den Gedanken behalte ich für mich.

Dann erreichen wir das Schultor. Ich schaue an den Stäben entlang nach oben. Wie sollen wir da morgen früh drüberklettern? Yasim kann sich vielleicht hochziehen. Aber ich werde das bestimmt nicht schaffen.

Yasim sieht meinen Blick und errät meine Zweifel. »Wir können über den Zaun hinter der Schule steigen. Der ist nicht so hoch. Da kommen wir locker rüber und wir landen direkt vor den Beeten«, schlägt er vor.

Ich lächele ihn dankbar an und sage erleichtert: »Sehr gute Idee!«

Als wir über den Schulhof laufen, treffen wir Alina, die mit einer Gießkanne in der Hand Richtung Schulgarten geht. »Na, heute ausnahmsweise nicht so früh wie sonst, Isy?«, fragt sie mich mit einem merkwürdigen Unterton. Dabei sieht sie mich kurz mit vorgerecktem Kinn und hochgezogenen Brauen an, bevor sie weiterrauscht.

»Willst du wieder traurige Selfies von dir und eurem Beet machen? Damit du noch mehr Follower bekommst, als du sowieso schon hast?«, rufe ich ihr hinterher. Aber Alina tut mal wieder so, als würde sie nichts hören, und stolziert einfach davon.

Yasim pfeift durch die Zähne. »Was geht eigentlich zwischen euch ab?«, fragt er. »Ihr klingt extragestresst.«

Wieder fällt mir auf, dass ich gar nicht erklären kann, was genau Alina macht, außer laut blöde Fragen zu stellen, die mich aufregen und mir das Gefühl geben, dass etwas ganz und gar nicht in Ordnung ist. »Keine Ahnung, was sie vorhat«, antworte ich deshalb nur und zucke mit den Schultern.

Jetzt kommt Moritz mit großen Schritten auf uns zu. Mein Herz hüpft, weil ich mich so freue, ihn zu sehen, und er in seinem grünen Hoodie und den offenen Haaren echt cool aussieht.

»Super, dass ihr beiden die Schneckenjagd übernehmt«, sagt er und strahlt uns an. Irgendwie ist er zu gut gelaunt. Ein unschöner Gedanke spaziert in meinen Kopf hinein. Vielleicht hat er seine Eltern gar nicht gefragt, ob er mit uns auf Schneckenfang gehen darf, damit er nicht so früh aus dem Bett muss.

»Schade, dass dir deine Eltern nicht erlauben, dabei zu sein«, sage ich, um seine Reaktion zu sehen.

»Äh, ja, genau. Echt irgendwie ... sehr schade«, druckst Moritz rum und streicht sich eine

Haarsträhne aus dem Gesicht. »Aber da kann ich nichts machen, leider.«
Irre ich mich oder wird er rot? Plötzlich finde ich ihn nicht mehr süß, sondern irgendwie ziemlich lahm.
»Nimms locker. Isy und ich machen das schon«, sagt Yasim, klopft Moritz fest auf die Schultern und grinst. »Schlaf dich einfach gründlich aus.«
Yasim hat offensichtlich denselben Gedanken wie ich.
In meinem Kopf schwirrt es. Habe ich mich wirklich in Moritz getäuscht? »Ich gehe zu den Beeten«, sage ich schnell. Im Moment will ich weder Moritz noch Yasim sehen. »Fee wird heute die Pflanzen gießen. Vielleicht kann ich ihr helfen«, setze ich nach und mache mich davon.
Schon von Weitem sehe ich Fee in unserem Beet stehen. Ihr rotes Haar leuchtet in der Morgensonne. »Hi«, grüße ich.

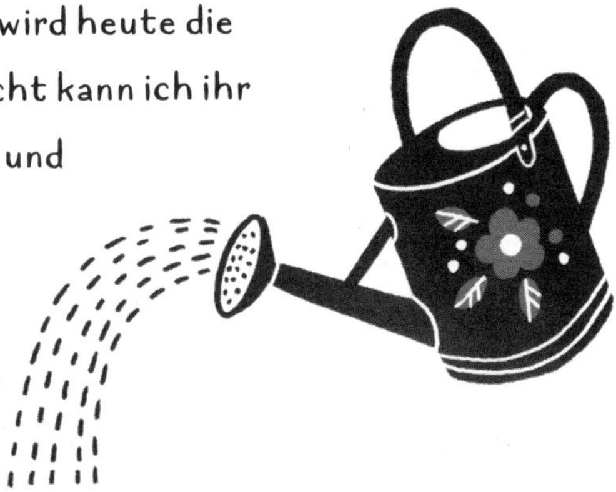

Fee lacht mich an. »Die Beete haben die Nacht gut überstanden. Alles in Ordnung«, sagt sie und beugt

sich zu den Kräutern, um ihren Duft einzuatmen.
»Tut mir übrigens wirklich leid, dass ich bei unserer Aktion nicht dabei bin.« Bei Fee bin ich sicher, dass sie die Wahrheit sagt. Ihre Mutter ist immer sehr besorgt. Vielleicht liegt es daran, dass Fees Vater vor einigen Jahren ausgezogen ist und sie ihre Tochter jetzt allein erzieht.
»Schon okay«, sage ich.
»Macht es dir nichts aus, so früh aufzustehen?«, fragt Fee nach.
»Mit Yasim wird es bestimmt lustig«, sage ich.
»Wie gefällt dir Yasim eigentlich?«, fragt Fee und schaut dabei konzentriert auf eine Tomatenstaude.

»Wie meinst du das?«, frage ich zurück.
»Ihr habt toll zusammen getanzt bei eurem Auftritt. Als ob ihr euch schon ewig kennen würdet«, antwortet Fee.
Mir wird ganz heiß, weil ich nicht weiß, was ich sagen oder denken soll. Fees Fragen sind mir peinlich. In

Yasims Nähe fühle ich mich immer chillig, ganz egal, was wir zusammen machen. Er ist irgendwie locker drauf. Mit ihm ist alles phänomenal einfach.

»Wir verstehen uns eben gut«, antworte ich ausweichend und prüfe sorgsam, ob die Tomaten genug Wasser haben.

»Mehr nicht?«, fragt Fee. »Yasim schaut dich manchmal ewig lange an. Ich glaube, er findet dich cool.«

»Wirklich?«, frage ich. Dabei schiebe ich ein paar Blätter zur Seite. »Und wie findest du Moritz?«

Fee lächelt, antwortet aber nicht. Am Boden entdecke ich eine Schnecke, die bedächtig an einem Stängel knabbert. Fee und ich müssen beide lachen, als wir das friedliche Tier sehen, das langsam vor sich hin frisst.

»Du sollst unsere Pflanzen in Ruhe lassen!«, sage ich und beuge mich hinunter. Behutsam setze ich die Schnecke auf eine Schaufel. »Ich bringe dich woandershin. Da kannst du in Ruhe weiterfressen«, sage ich. Die Schnecke zieht ihre Fühler ein, als ob sie beleidigt

wäre. Dann trage ich das Tier ins angrenzende Gebüsch und setze es in ein Grasbüschel. »Und nicht wiederkommen, hörst du?«, sage ich und gehe zurück.

Kaum bin ich wieder am Beet, schellt es zum Unterrichtsbeginn. Ich bin froh, dass Fee und ich uns beeilen müssen und unser Gespräch über Yasim und Moritz erst einmal beendet ist. Wir laufen ins Klassenzimmer und setzen uns an unseren Tisch. Damit Fee mich nicht doch weiter mit Fragen nervt, nehme ich meinen Stift und zeichne Eichhörnchen, Amseln und Käfer in meinen Block. Fee hat mich verstanden und sagt nichts. Sie ist eben eine wirklich gute Freundin.

DIY Tier-DOODLES

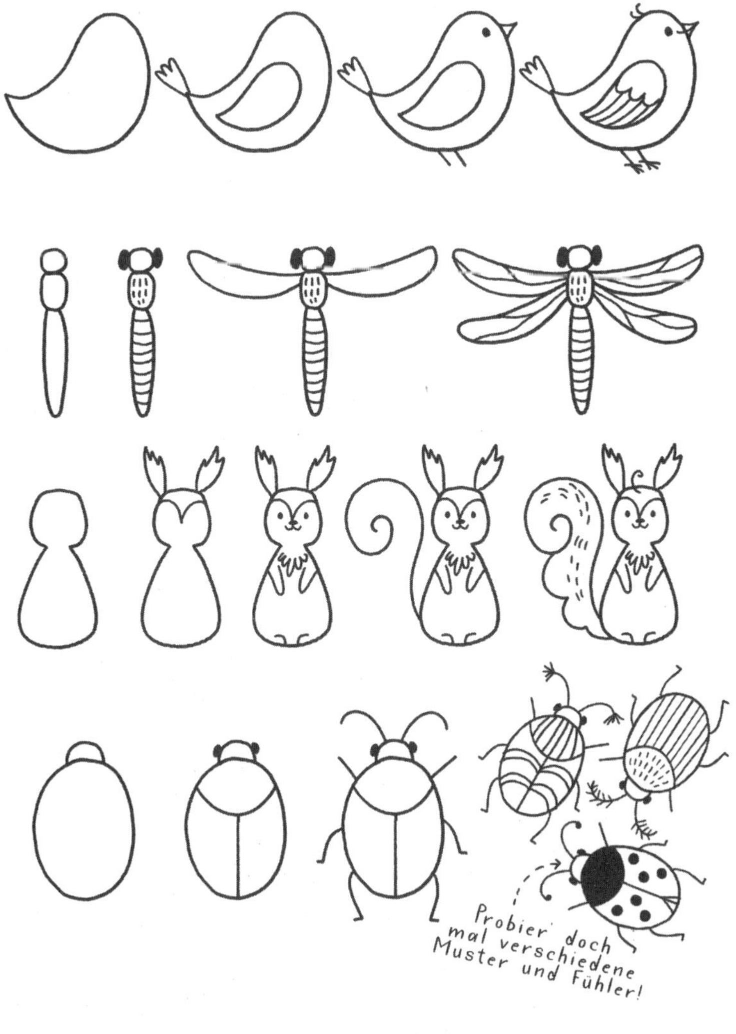

SCHLECHTES Gewissen

Nach der Schule esse ich mit Klara schnell etwas und verkrümele mich dann in mein Zimmer. Ich will allein sein. Aber ich kann mich auf nichts konzentrieren und der Nachmittag vergeht viel zu langsam. Immer wieder denke ich an morgen früh. Ich darf auf keinen Fall verschlafen. Schließlich und beginne ich mit den Hausaufgaben. Dadurch vergeht die Zeit zwar noch langsamer, aber immerhin mache ich etwas Sinnvolles. Als ich meine Mutter mit meinem kleinen Bruder im Flur höre, freue ich mich tierisch. Ben stürmt in mein Zimmer. »Isy, spielen!«, ruft er. Wir basteln Papierflieger, die wir vom Bett aus auf den Boden segeln lassen.

DIY PAPIERFLIEGER

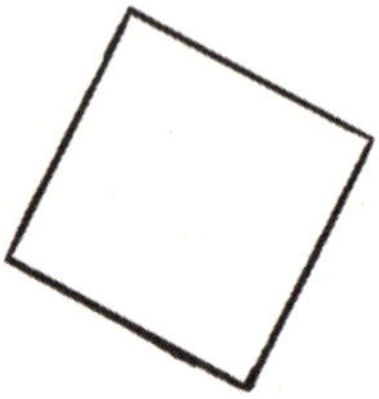

MATERIAL Papier

1. Das Papier in der Mitte falten.

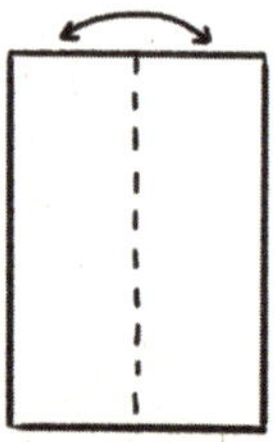

2. Die oberen Ecken an der mittleren Linie entlang zweimal falten.

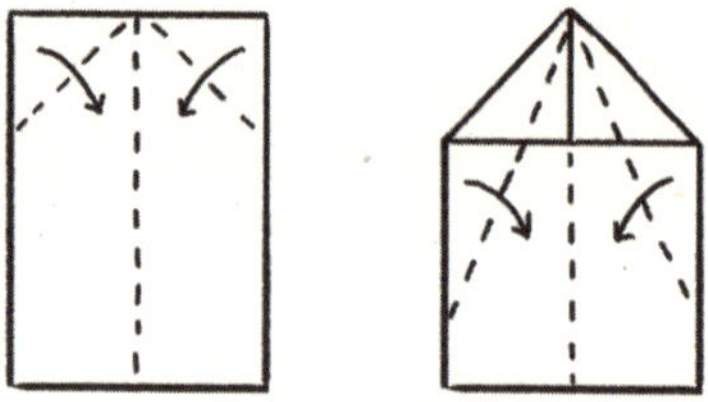

3. Beide Seiten mittig zusammenfalten.

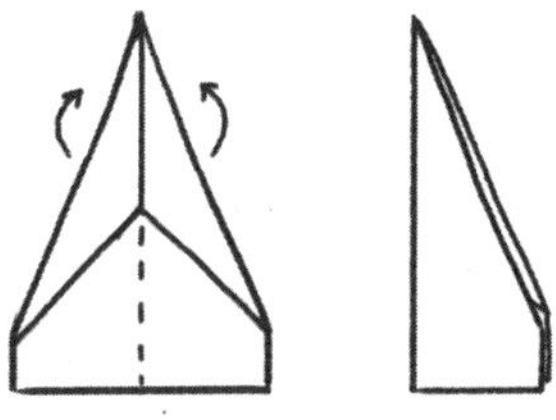

4. Die Flügel mittig nach außen falten.

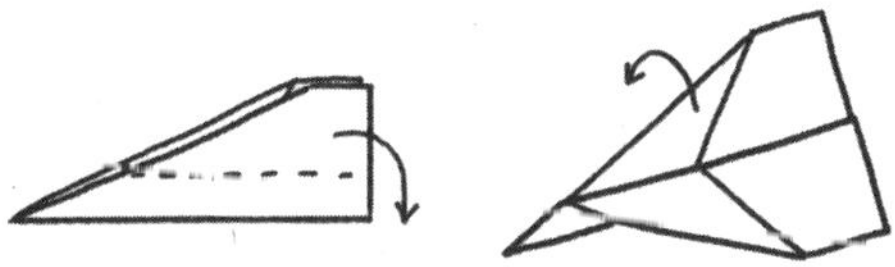

5. Untere Flügelteile nach oben falten.

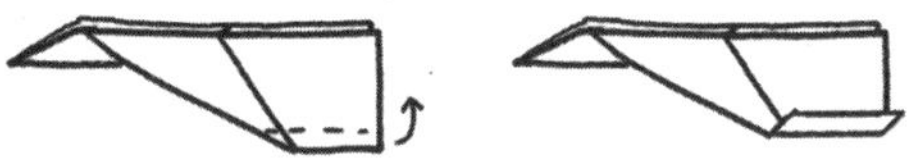

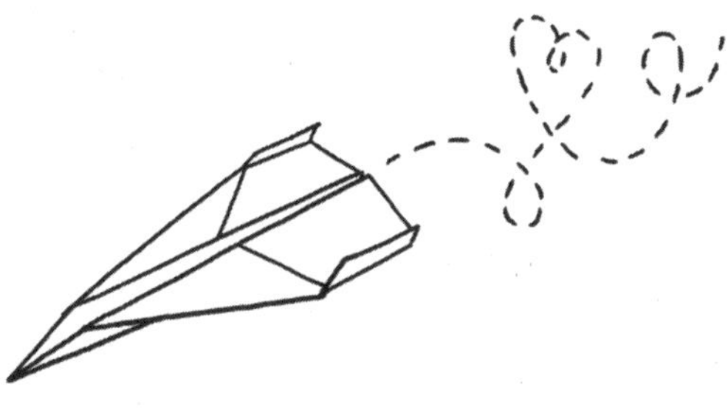

Schließlich höre ich auch Klara im Flur »Hallo zusammen!« rufen, bevor sie in mein Zimmer kommt. Ihre Fingernägel sind schwarz von der Arbeit im Schulgarten. »Unsere Pflanzen wachsen und gedeihen«, sagt sie und strahlt. Ich weiß, dass sie mit ihrer AG die Hochbeete mit Erdbeeren bepflanzt hat. Sie umarmt Ben und schmatzt mir einen lauten Kuss auf die Wange. Das mag ich nicht. Trotzdem muss ich über ihre übertriebene Begrüßung lachen. Klaras gute Laune steckt einfach an.

»Morgen früh steigt unsere *Mission Morgengrauen*. Ich treffe mich um sechs Uhr mit Yasim am Schultor«, erkläre ich ihr.

»Ich drücke euch die Daumen. Hoffentlich könnt ihr ein paar gute Schnappschüsse machen«, sagt Klara und streicht Ben über die Haare. »Ihr solltet euch etwas Heißes zu trinken mitnehmen. Morgens ist es manchmal kühl.« Eine ältere Schwester ist doch manchmal hilfreich. Daran hatte ich überhaupt nicht gedacht.

»Gute Idee«, stimme ich dankbar zu.

»Schauen wir mal, was wir noch alles für einen leckeren Tee dahaben«, sagt Klara. Wir nehmen Ben in unsere Mitte und gehen zusammen in den Flur. Im Vorratsschrank finden wir Kardamom und eine Zimtstange. Der Honig zum Süßen steht direkt daneben. Pfeffer haben wir sowieso vorrätig. »Für einen richtig leckeren Tee fehlt nur noch frischer Ingwer«, sage ich, während ich die Thermoskanne suche.

»In der Blumenvase ist ein Rest Haushaltsgeld«, sagt Klara und zieht einen Schein heraus. Meine Eltern legen immer Geld bereit, damit wir uns Lebensmittel kaufen können, wenn wir etwas brauchen.

»Auf zum Supermarkt«, sagt sie. Wir schnappen uns die Einkaufsbeutel vom Haken und bringen Ben zu meiner Mutter, die gerade im Badezimmer Wäsche sortiert.

»Wir gehen einkaufen«, ruft ihr Klara zu.

»Wir brauchen Ingwer«, schiebe ich

hinterher. Da fällt mir noch etwas ein. »Was haltet ihr von einem frischen Dattel-Curry-Dip fürs Abendessen?«

»Das wäre klasse«, antwortet meine Mutter und macht die Waschmaschine zu.

»Ich auch! Klasse!«, plappert Ben nach. Dabei trampelt er auf einem Haufen Socken rum.

Einen Moment später laufen Klara und ich durch die Stadt zum Supermarkt. Dort packen wir Ingwer, Datteln, Frühlingszwiebeln, Frischkäse und Quark ein. Die restlichen Zutaten, die wir brauchen, haben wir zu Hause. Und wenn doch etwas fehlt, macht es megaviel Spaß, kreativ zu werden und die Rezepte abzuwandeln. Meistens schmeckt es am Ende sogar besser, als alles genau nach Plan zuzubereiten.

Zurück in der Wohnung fangen wir direkt mit dem Dattel-Curry-Dip an. Während ich die Frühlingszwiebeln schneide, kümmert sich Klara um die Datteln. Wenn wir uns so die Arbeit aufteilen, macht das Kochen viel mehr Spaß und wir sind ruckzuck fertig.

10 DATTELN (ohne Kern)
2 FRÜHLINGSZWIEBELN
3 große EL QUARK
1 PACKUNG Frischkäse
1 gestrichener TL PAPRIKA
2 TL Curry
OLIVENÖL

1. Datteln und Frühlingszwiebeln klein schneiden.

2. Alle Zutaten mit einem Stabmixer pürieren.

3. In eine Schale füllen und etwas Olivenöl draufgießen.

Als wir den Dip in eine Schüssel füllen, kommt Mama in die Küche. »Wow, der Dip sieht ja super aus!«, ruft sie begeistert. Dann sieht sie die Thermosflasche und den Ingwer auf der Anrichte. »Wofür braucht ihr die Thermosflasche denn noch so spät?«

»Äh, die brauche ich morgen früh. Ich wollte schon mal alles vorbereiten«, antworte ich und fülle heißes Wasser in die Thermoskanne.

»Warum willst du denn einen Liter Tee mit in die Schule nehmen?«, fragt Mama misstrauisch. »Das machst du sonst nie.«

»Wie du weißt, haben wir die vielen Schnecken in unseren Beeten und morgen früh wollten wir ...«

»Das ist total super von euch, dass ihr freiwillig so früh aufsteht und auf Schneckenjagd geht. Da tut heißer Tee bestimmt gut«, unterbricht mich Klara und hält meiner Mutter einen Löffel mit Dip hin. »Willst du mal probieren?«

»Moment mal!«, sagt meine Mutter streng. »Ich verstehe euch gerade überhaupt nicht.« Sie runzelt die Augenbrauen, während sie den Löffel in die Hand nimmt.

»Wir haben doch darüber gesprochen, dass wir Schnecken einsammeln sollen. Deswegen treffen wir uns ganz früh, um sie zu suchen«, erkläre ich.

»Ich erinnere mich, dass wir über so etwas gesprochen haben. Aber dass euer Vater oder ich zugestimmt haben, daran erinnere ich mich ganz und gar nicht«, sagt meine Mutter und schleckt den Löffel ab. Ihre strenge Miene verwandelt sich für einen kurzen Augenblick in ein Lächeln. »Mmh ... lecker«, murmelt sie.

»Wir treffen uns morgen gegen sechs Uhr«, erkläre ich weiter.

»Und das ist wirklich notwendig?«, fragt Mama.

»Schnecken lassen sich am besten bei Sonnenaufgang fangen«, antworte ich und verschweige, dass man sie auch abends und nach Regen gut einsammeln kann.

»Also, wenn es eurem Schulgarten wirklich nützt, von mir aus«, sagt meine Mutter und stellt vier Teller auf den Tisch. Ich bin total erleichtert und nehme mir fest vor, morgen früh mindestens zehn Schnecken zu fangen. Somit habe ich meine Mutter nicht richtig angelogen, sondern nur ein bisschen geflunkert. Gut fühlt es sich trotzdem nicht an. Aber sollte ich sagen, dass wir ein paar Jungen dabei fotografieren wollen, wie sie unser Beet zerstören? Dann dürfte ich nie und nimmer weg. Und Alina würde weiter mit ihrem merkwürdigen Verhalten dafür sorgen, dass mich alle verdächtigen. Das will ich auf keinen Fall.

Nach dem Abendessen klopft Klara an meine Tür.
»Noch wach?«, fragt sie und setzt sich auf mein Bett, in dem ich bereits gemütlich liege und lese. Ich klappe mein Buch zu und lege es zur Seite.
»Hey, du versprichst mir, dass ihr euch morgen früh gut versteckt. Wenn jemand kommt, macht ihr schnell ein Foto und verschwindet wieder, okay?«, fragt Klara.
»Versprochen!«, sage ich und merke, dass Klara

meiner Mutter gegenüber ein noch schlechteres Gewissen hat als ich. »Wir sind vorsichtig. Außerdem glaube ich nicht, dass wir ...«

Bevor ich weitersprechen kann, steckt mein Vater den Kopf in die Tür. »Alles klar bei euch?«, fragt er.

»Alles klar und alles easy«, antwortet Klara und grinst.

»Wenn Isy nicht bald schläft, kommt sie morgen nicht aus den Federn«, sagt Papa, den meine Mutter natürlich über mein frühes Aufstehen informiert hat.

»Schon verstanden«, antwortet Klara und steht auf. »Schlaf gut!«, wünscht sie und mein Vater schiebt »Träum was Schönes!« hinterher. Dann verschwinden die beiden aus meinem Zimmer.

Ich liege noch einen Moment wach. Wenn ich an den nächsten Morgen denke, klopft mein Herz. Vor Aufregung und auch ein bisschen, weil ich mit Yasim allein sein werde.

MISSION MORGENGRAUEN

Um Viertel nach fünf reißt mich mein Handy aus dem Tiefschlaf. Zuerst weiß ich nicht, wo ich bin. Ich habe von Nudeln, Kräutern und frischen Tomaten

geträumt. Dann fällt mir alles schlagartig ein: Gleich muss ich zur Schule, weil ich mit Yasim verabredet bin. Ich springe aus dem Bett, ziehe mir hastig meine Jeans und ein T-Shirt über, schlüpfe in meine Sandalen und tapse in die Küche, um Wasser aufzusetzen.

DIY TEE

ZUTATEN

1 Liter Wasser
1 kleine Ingwerknolle
1 Zimtstange
4 Kardamomkapseln
4 Nelken
1 kleine Prise Pfeffer
Honig

1. 1 Liter Wasser in einem Topf zum Kochen bringen.

2. Ingwer in Scheiben schneiden und mit Zimt, Kardamom, Nelken und Pfeffer hinzugeben.

3. Den Tee ca. 5 Minuten köcheln lassen, den Herd dann ausschalten und weitere 5 Minuten im Topf ziehen lassen.

4. Zum Schluss mit Honig süßen.

Nachdem ich den Herd ausgeschaltet habe, gehe ich ins Bad, um mir schnell die Zähne zu putzen. Als ich wiederkomme, gebe ich zum Süßen etwas Honig hinzu. Normalerweise lasse ich den Tee im Topf eine gute Stunde ziehen. Dafür habe ich heute aber keine Zeit. Die Thermoskanne, in die ich am Vorabend heißes Wasser gefüllt habe, ist noch warm. Ich schütte das Wasser aus und fülle anschließend den Tee mit allen Zutaten hinein, damit er weiterziehen kann. Jetzt schmiere ich mir schnell ein Butterbrot für unterwegs. Leise schleiche ich über den Flur und gehe zur Garderobe. Dort stecke ich die Thermoskanne in meinen Rucksack und gehe zur Wohnungstür, die ich vorsichtig öffne. Im Hausflur springe ich die Stufen hinunter und laufe hinaus in den frühen Morgen. Einige Sterne leuchten schwach am Himmel. Die Welt liegt unberührt vor mir. Ich mag diese Zeit, in der nichts passiert. Gleich wird allerdings etwas Wichtiges passieren, das spüre ich am Kribbeln im ganzen Körper.

Atemlos vor Aufregung und weil ich fast den ganzen Weg gelaufen bin, erreiche ich das Schultor. Die Kirchturmuhr schlägt und mein Handy zeigt 6:01 Uhr. Super, ich bin fast auf die Minute pünktlich. Das wäre schon mal geschafft. Aber wo bleibt Yasim? Ungeduldig trete ich von einem Fuß auf den anderen und lausche, ob ich Schritte höre.

Eine Katze miaut.

Dann ist es wieder still.

In der Ferne höre ich das Geräusch eines Motors.

Wieder Stille.

Plötzlich Schritte.

In der Stille der Morgendämmerung klingen sie laut.

Laut und bedrohlich.

Ist das Yasim? Hoffentlich. Unheimlich, so allein hier zu stehen und nicht zu wissen, wer gleich um die Ecke biegt. Mein Herz klopft lauter. Mein Atem wird schneller. Die Schritte kommen näher. Dann erkenne ich die Umrisse von meinem Freund. Erleichtert atme ich aus.

»Sorry. Hab leider verpennt«, sagt Yasim außer Atem.

»Entspann dich«, antworte ich. Dabei weiß ich nicht, wer von uns beiden gestresster ist. »Ich bin auch noch nicht lange hier.«
»Also los, packen wirs!«, sagt Yasim und geht vor. »Mission Morgengrauen!«
Wir schleichen an der Schulmauer entlang bis zum hinteren Gebäude. Von dort sind es nur noch wenige Meter bis zum Zaun. Yasim klettert als Erster hinüber und stützt mich, als ich auf die andere Seite springe. Ich kann es nicht fassen: Wir stehen tatsächlich in unserem Schulgarten. In der Dämmerung sieht alles friedlich aus. Die Vögel zwitschern fröhlich und das erste Licht vertreibt zaghaft die Dunkelheit. Wir laufen vorwärts.
»Los, dorthin!«, sage ich und zeige auf ein Hochbeet. Gemeinsam erreichen wir unser Versteck. Wir bücken uns dahinter und schielen um die Ecke. Von hier haben wir einen guten Blick über den gesamten Garten. Wir müssen nicht lange warten.
»Ich höre etwas«, sagt Yasim und hält sich den Finger vor den Mund. Wir lauschen mit angehaltenem Atem.

Tatsächlich! Wir hören ein Flüstern. Dann antwortet jemand. Jetzt hören wir ein leises Kichern.
Angestrengt starre ich in die Dämmerung. Dann sehe ich zwei Schatten in dunklen Hoodies. Die Kapuzen sind tief ins Gesicht gezogen. Die dunklen Gestalten flitzen durch den Garten. Wer ist das? Die beiden kommen direkt auf uns zu. Dabei beachten sie die Beete gar nicht. Genau wie wir eben laufen sie an ihnen vorbei, als ob sie ein Versteck suchen würden.
Ohne nachzudenken, fasse ich nach Yasim, der seinen Arm um mich legt.
»Das gibt es doch gar nicht«, flüstere ich ihm zu.
Trotz der Anspannung genieße ich Yasims Nähe und Wärme. »Erkennst du sie?«
Yasim nickt. »Echt richtig, richtig krass!«, sagt er. »Die hätte ich nicht erwartet. Never ever!«

Ein greller Schrei zerreißt die Stille um uns herum. Soraya steht vor uns, zu Tode erschrocken.

»Wir sind es nur«, flüstere ich in gebückter Haltung.

»Ihr?«, fragt Soraya ebenso verblüfft wie erleichtert.

Hinter Soraya steht Sissi, die sich jetzt einschaltet. »Was macht ihr denn hier?«, fragt sie erstaunt. Dabei wirkt sie wesentlich cooler als ihre Freundin.

»Das könnten wir euch auch fragen«, antworte ich.

»Vermutlich wollen wir dasselbe!«, antwortet Yasim und deutet mit dem Finger auf die Beete. »Nämlich herausfinden, wer hier nachts alles zertrampelt.«

»Wir sind es auf jeden Fall nicht«, sagt Soraya. Ich glaube ihr. Die beiden sind eben genauso achtlos wie wir an den Beeten vorbeigelaufen.

»Wir auch nicht«, antworte ich. »Warum sollten wir uns hier verkriechen, wenn wir die Beete zerstören wollten?«

»Klingt einleuchtend«, antwortet Sissi.
Ich winke Sissi und Soraya zu uns. »Jetzt versteckt euch endlich! Sonst erwischen wir heute Nacht garantiert niemand mehr.«
Soraya und Sissi huschen zu uns und ducken sich.
»Und jetzt?«, fragt Soraya. »Wie lange wollen wir warten?«
»Bis etwas passiert«, antworte ich, obwohl mir meine Beine jetzt schon wehtun und ich langsam richtig müde und durstig werde. Ich denke an meinen warmen Tee im Rucksack, aber die Thermoskanne rauszuholen, würde zu viel Lärm machen. Später, denke ich sehnsüchtig. Zu viert beobachten wir den Garten, während die Zeit so zäh wie eine Schnecke vorwärtskriecht.
»Boah, ist das langweilig«, stöhnt Yasim nach einer Weile leise.
»Mir schlafen die Füße ein«, jammert Soraya.
»Ruhe!«, zischt Sissi und deutet mit dem Finger in die Dämmerung. »Hinter dem Baumstamm bewegt sich was!«
Aus dem nahe gelegenen Waldrand läuft ein buckliger

Körper über den Boden. In einem kurzen Abstand folgt ein zweiter Schatten, dann ein dritter.

»Ich fass es nicht«, sagt Sissi.

»Ich auch nicht«, flüstere ich zurück.

»Sisters, Mund halten«, unterbricht uns Yasim genervt.

»Seht nur, die geringelten Schwänze«, wispert Sissi. »Füchse sind das nicht.«

»Füchse haben auch kein schwarzes Fell um die Augen. Es sind Waschbären!«, flüstert Soraya und zeigt mit dem Finger in die Dämmerung. »Sind die süß!«

Die Waschbären gehen schnurstracks zu unserem Beet. Dort angekommen wühlen sie mit ihren Krallen in der Erde.

»Die drei suchen Schnecken«, erkläre ich leise und erinnere mich an einen Naturkundefilm. »Die fressen Waschbären besonders gern.«

»Wir sollten sie vertreiben, bevor sie unsere gesamten Stauden kaputt machen«, sagt Yasim.

»Warte einen Moment«, sage ich, hole mein Handy und drücke auf VIDEO. Als ich fertig bin, laufen wir los. Die Waschbären halten inne, lauschen und verschwinden wie der Blitz im Wald.

»Das müssen wir unbedingt Demi sagen«, meint Sissi und schaut auf unser Beet, das wir gerade noch vor dem Schlimmsten bewahrt haben.

»Hoffentlich ist er bald gesund und kommt wieder in die Schule«, fügt Yasim hinzu. Gemeinsam richten wir die Stauden auf.

»Viel Schaden haben die Waschbären heute nicht angerichtet«, sagt Sissi zufrieden.

»Das Warten hat sich gelohnt«, stimmt Soraya zu.

Yasim reißt den Mund auf und gähnt. »Aber ich bin krass müde«, sagt er und schaut auf sein Handy.

»Noch eine knappe Stunde, bis der Hausmeister die Schule aufschließt. Was machen wir so lange?«

»Kleine Stärkung gefällig?«, frage ich, binde meinen Rucksack auf und greife hinein. Neben der Thermoskanne ertaste ich einen Beutel und ziehe

ihn heraus. »Nüsse!«, rufe ich und halte sie hoch. »Die hat mir bestimmt Mama in den Rucksack gesteckt.« In dem Moment bin ich sicher, dass ich die besten Eltern überhaupt habe. Dann nehme ich die Thermoskanne in die Hand. »Und Tee habe ich auch dabei«, sage ich stolz.

»Super!«, freut sich Sissi. »Ich habe echt Durst.«

Wir setzen uns auf ein paar Steine, die an einem Beetrand gestapelt sind. Ich gieße den Becher voll und reiche ihn Yasim. »Mmh! Schmeckt gut«, stellt er fest und reicht ihn weiter. Den Beutel mit Nüssen gebe ich Soraya, die hungrig zugreift.

»Wen habt ihr eigentlich heute Nacht hier erwartet?«, frage ich.

»Wir hatten keine Ahnung«, antwortet Sissi ehrlich. »Aber wir wollten unbedingt wissen, wer sich hier heimlich rumtreibt.«

»Ich bin froh, dass es die Waschbären waren und niemand aus einer anderen Schule oder aus unserer

Klasse«, sagt Soraya und spricht damit aus, was wir alle denken.

»Vertreiben müssen wir die kleinen Räuber schon. Sonst kommen sie immer wieder«, meine ich nach einer Weile und blinzele in den Sonnenaufgang. Es ist wunderbar, hier zu sitzen, die frische Luft einzuatmen und die erste Wärme des Tages auf der Haut zu spüren.

»Ich wusste gar nicht, dass es hier Waschbären gibt«, sagt Yasim.

»Doch, in den Städten gibt es mittlerweile Wildschweine, Füchse und Greifvögel. Durch die vielen Abfälle in Mülltonnen finden die wilden Tiere genug zu fressen und haben keine natürlichen Feinde mehr«, erkläre ich. »Eigentlich hätten wir schon viel früher auf die Idee kommen können.«

»Wow, ich stelle mir gerade ein Wildschwein im Schrebergarten von meinen Eltern vor«, sagt Yasim. »Da würde von den Bohnen und Möhren nicht mehr viel übrig bleiben.«

»Um Waschbären zu vertreiben, müssen wir ihre Lieblingssnacks einsammeln: die Schnecken!«, erkläre ich. »Dann haben sie keinen Grund mehr zu kommen.«

»Später«, sagt Sissi müde. »Lass uns einfach einen Moment hier sitzen und entspannen.«

Lavendel UND WASCHBÄREN

Schließlich stehe ich auf und gehe in den Schuppen, wo ich Eimer und Schüppen suche.

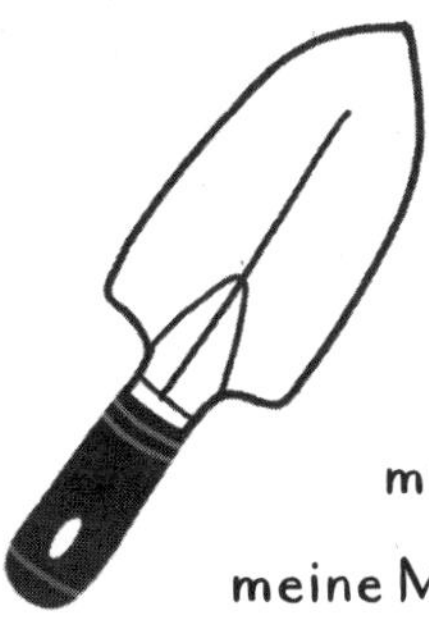

Als ich zurückkomme, ist Yasim eingenickt. Soraya und Sissi sitzen mit geschlossenen Augen Rücken an Rücken in der aufgehenden Sonne. Fast tut es mir leid, die drei zu stören. Dann fällt mir meine Mutter und mein Versprechen ein.

»Auf zur Schneckenjagd!«, sage ich und lege Yasim vorsichtig meine Hand auf die Schulter. Er öffnet die Augen und blinzelt mich an. Soraya und Sissi stöhnen leise.

»Aufstehen? Echt jetzt?«, fragt Sissi.

»Ganz echt!«, antworte ich und drücke jedem eine Schüppe und einen Eimer in die Hand. »Los! Wer die meisten Schnecken fängt, hat gewonnen!«
Wir verteilen uns auf die Beete und drehen Blätter um, unter denen sich die kleinen Kriecher verstecken. Als ich eine besonders dicke entdeckt habe, mache ich ein Foto und schicke es meiner Mutter.

Plötzlich vergeht die Zeit wie im Flug. Wir setzen die Schnecken, die wir gesammelt haben, im nahe gelegenen Wald aus. Für uns sind es nur ein paar Meter, aber für die kleinen Tiere ist es ein langer Weg. Als es schellt, möchten wir nicht ins Schulgebäude. Hier draußen ist es so viel schöner als in unserem engen Klassenzimmer.

In der ersten Stunde haben wir Biologie. Als Demi ins Klassenzimmer kommt, freuen sich alle. Er sieht noch ein wenig blass aus, ist allerdings wieder gut drauf. »Was machen die Beete?«, fragt er erwartungsvoll und strahlt uns an. »Bei dem Wetter schießen die Pflanzen sicher in die Höhe!«

Alina zeigt als Erste auf. »Wir hatten ein paar Schwierigkeiten«, beginnt sie. »Einige Beete sind verwüstet worden.«

Demi stutzt. »Wie meinst du das?«, fragt er verblüfft.

»Jemand hat nachts unsere Pflanzen zertrampelt«, fährt Alina fort.

Yasim meldet sich. »Nun mal nicht ganz so dramatisch. So übel sehen die Beete gar nicht aus.«

»Und es war kein *Jemand*, wie du sagst, sondern Tiere. Genauer gesagt waren es Waschbären«, erklärt Soraya.

»Ach, und woher weißt du das so genau?«, fragt Alina. Dabei wirkt sie irgendwie unsicher und verwirrt.

»Wir haben heute Morgen drei Waschbären beobachtet. Und bevor du mich jetzt wieder fragst, warum ich so früh unterwegs war: Ich wollte wissen, wer sich heimlich in unserem Schulgarten rumtreibt. Zufällig habe ich die Waschbären sogar gefilmt«, sage ich und ziehe mein Handy aus der Hosentasche.

»Und Isy war nicht allein unterwegs. Ich war auch dabei. Außerdem Soraya und Yasim«, sagt Sissi und grinst Alina an. Ich muss zugeben, dass mir Sissi in diesem Moment echt sympathisch ist. Vielleicht werden wir doch noch Freundinnen. Oder wenigstens so etwas Ähnliches wie Freundinnen.

»Also, ich verstehe gar nichts. Wer von euch erklärt mir, was geschehen ist?«, fragt Demi irritiert. Nachdem wir ihm abwechselnd berichtet haben, was in den letzten Tagen passiert ist, nickt er zustimmend. »Waschbären können tatsächlich großen Schaden in Gärten und Parks anrichten«, sagt er. »Dabei werden sie meistens von Kompost, Schnecken und auch Vögeln angelockt.«

»Wir müssen die Vogelhäuschen höher hängen«, stellt Lucas erschrocken fest. »Sonst fressen die Waschbären noch die Amseln.«

»Der Kompost ist gut abgedeckt«, sagt Paulo. »Darauf haben wir geachtet.«

»Aber Schnecken haben wir echt viele in den Beeten«, erklärt Soraya.

»Einige davon haben wir bereits gefangen und in den Wald gebracht«, füge ich hinzu.

»Solange es Schnecken in unserem Schulgarten gibt, werden die Waschbären wiederkommen. Die Schnecken werden wir allerdings nicht so schnell vertreiben können. Wir sollten uns also zunächst überlegen, wie wir die Waschbären von den Beeten fernhalten. Und zwar unbedingt ohne Gift, sondern mit natürlichen Mitteln«, sagt Demi.

»Und wie?«, will Leo wissen.

»Das werdet ihr herausfinden! Eure nächste Hausaufgabe lautet: Recherchiert im Internet nach umweltfreundlichen Methoden, mit denen Waschbären aus Gärten vertrieben werden können«, sagt Demi.

»Und jetzt beschäftigen wir uns weiter mit der Bestäubung.«

Während Demi uns die Bestäubung verschiedener Pflanzensorten erklärt, erzählt mir Fee von ihrem Paprika, den sie im Frühjahr gezüchtet hat und der jetzt auf dem Balkon steht. Weil ich die Idee echt cool finde und auf keinen Fall vergessen möchte, zeichne ich mit, was sie mir erklärt.

DIY PAPRIKA ZÜCHTEN

MATERIAL eine oder mehrere Klopapierrollen // einen oder mehrere Paprikasamen // Schere // Blumenerde

1. Die Klopapierrolle viermal in Längsrichtung einschneiden.

2. Die Pappe nach innen falten, damit ein Boden entsteht.

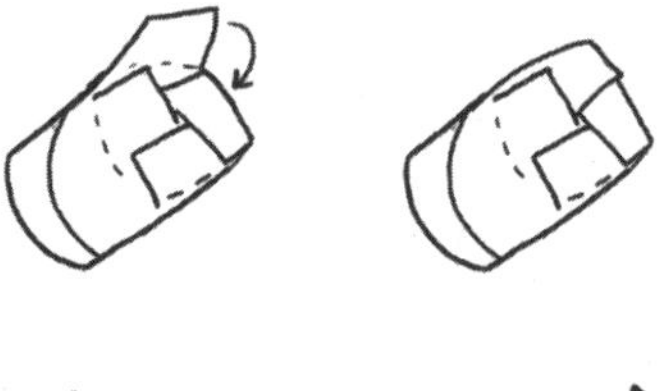

3. Mit Blumenerde auffüllen.

4. Paprikasamen in die Erde stecken.

5. Gießen und in die Sonne stellen.

6. Wenn der Setzling hoch genug gewachsen ist, den Boden öffnen und in einen größeren Topf pflanzen.

Bis zur nächsten Pause zieht sich der Unterricht endlos hin. Ich bin viel zu müde, um Demi zuzuhören. Meine Lider fallen mir ständig zu. Ich blinzele zu Yasim herüber, der sich verschlafen die Augen reibt. Als es endlich schellt, strecke und räkele ich mich. Das hilft ein bisschen, um wieder wach zu werden. Dann gehe ich zu Yasim, der sich mit Soraya und Sissi unterhält. Schnell werden wir von den anderen umringt. Sie wollen alles wissen: Wo die Waschbären herkamen, wie viele es waren und wie lange wir auf sie warten mussten.

»Echt krass, dass ihr dieselbe Idee wie Soraya und Sissi hattet«, sagt Moritz. Irre ich mich oder höre ich einen leisen Frust in seiner Stimme? Vielleicht ärgert es ihn jetzt doch, dass er heute Morgen nicht dabei war. Und ich finde: Er hat echt was verpasst!

»Schade, dass ich nicht mitdurfte«, sagt Emma und verzieht ihren Mund.

Alina, die an ihrem Tisch sitzt, schielt heimlich zu uns. Immer noch frage ich mich, warum sie mich mit ihren fiesen Anspielungen in so eine blöde Situation bringen wollte. Aber im Moment will ich nicht weiter drüber nachdenken. Ich freue mich einfach, dass wir bald Tomaten und Kräuter ernten können, und bin gespannt, wie wir die Waschbären vertreiben werden.

KRASSE HAUSAUFGABEN

»Und es waren tatsächlich Waschbären?«, fragt mich Klara, als ich nachmittags gähnend in die Küche komme. Nach der Schule habe ich mich noch einmal hingelegt und eine Stunde tief und fest geschlafen. Die Nachricht, dass wir in der Morgendämmerung Waschbären entdeckt haben, hat sich offensichtlich bereits herumgesprochen.

»Yep! Ich habe die süßen Räuber sogar gefilmt«, erkläre ich.

»Echt jetzt?«, fragt Klara neugierig. »Zeig doch mal!«

Ich ziehe mein Handy aus der Hosentasche, tippe auf das Video und halte es Klara hin.

»Viel ist von den Waschbären nicht gerade zu erkennen«, sagt sie enttäuscht. »Und was macht ihr jetzt gegen ihre Besuche?«

»Das sollen wir herausfinden. Hausaufgabe von Demi. Gut, dass du mich dran erinnerst. Die mache ich am besten sofort«, antworte ich, nehme mir einen Apfel aus der Obstschale und verschwinde wieder in meinem Zimmer. Ich setze mich an meinen Schreibtisch und fahre meinen Laptop hoch. Schnell gebe ich »Waschbären« und »Garten« in die Suchmaschine ein. In dem Moment vibriert mein Handy.

Yasim: Schickst du das Video rüber?

Isy: Klar!

Yasim: War cool heute Morgen!

Isy: Bingo!

Ich schicke ihm den Film und erhalte sofort Antwort:

Yasim: 👍

Ohne lange zu überlegen, tippe ich:

Isy: Lust auf gemeinsame Biohausaufgaben?

Yasim: Yes!

Isy: Kommst du vorbei?

Yasim: Klar. Bis gleich.

Isy: ☺

Ich schaue noch einen Moment regungslos auf mein Display. Es ist alles so einfach und selbstverständlich und gar *nicht peinlich* mit Yasim. Als es schellt, bin ich nur ein kleines bisschen aufgeregt und werde nur ein klitzekleines bisschen rot, eigentlich nur leicht rosa, als ich die Tür aufmache.

»Hi!«, sagt Yasim und kommt rein. »Coole Idee von dir. Zu zweit machen Hausaufgaben mehr Spaß.«

Er grinst und zum ersten Mal merke ich ihm an, dass er verlegen ist. Merkwürdigerweise verschwindet damit der letzte Rest meiner eigenen Unsicherheit.

»Lust auf was Kaltes zu trinken?«, frage ich. Yasim nickt. Also gehen wir in die Küche, ich schneide eine Banane klein und hole eine Packung Beeren aus dem Tiefkühlfach.

DIY kalter BEERENDRINK

ZUTATEN 1 Banane // 1 kleine Packung tiefgefrorene Beeren // 2–3 Gläser Mandeldrink

1. Alles in den Mixer geben und verrühren.

2. In zwei große Gläser füllen.

Klara kommt herein. »Na, störe ich?«, fragt sie und zwinkert mir zu. Das ist mir jetzt echt peinlich. Natürlich stört sie! Aber Yasim soll nicht denken, dass mich meine Schwester stört, nur weil er da ist. Was für eine blöde Situation!

»Du bist doch der Typ, der so genial tanzt, oder?«, fragt Klara.

Grrgh!

Warum verschwindet sie nicht wortlos wieder in ihrem Zimmer?

»Kann schon sein«, antwortet Yasim lässig. Klara nimmt sich zwei Mohrrüben, setzt sich an den Küchentisch und schneidet sie klein. Kann sie mit ihrem Salat nicht noch so lange warten, bis wir hier weg sind? Zum Glück ist der Drink schnell fertig. Das ist ein Grund, warum ich ihn so mag. Der Hauptgrund ist, dass er einfach superlecker ist. Ich drücke Yasim die zwei Gläser in die Hand und wir verdrücken uns in mein Zimmer.

»Nette Schwester«, sagt Yasim, als wir uns nebeneinander an den Schreibtisch setzen.

»Klara ist super«, stimme ich ihm zu. »Meistens jedenfalls.«

Schon nach kurzem Suchen finden wir heraus, dass sich Waschbären mit Lärm, Wasser, Licht, Lavendelsäckchen und Mottenkugeln vertreiben lassen. Wir überlegen ein wenig hin und her. Lärm geht nicht, weil dann der Unterricht gestört wird.

»Wir könnten mit Wasserpistolen auf die Waschbären schießen«, schlägt Yasim vor und nippt an seinem Drink. »Wow! Süffig!«

»Willst du jeden Morgen um sechs Uhr auf der Lauer liegen?«, frage ich zurück.

»Licht geht auch«, antwortet Yasim schnell. »Es gibt Solarleuchten für den Garten.«

»Ja, das Licht würde die Waschbären wahrscheinlich fernhalten, aber leider auch viele nützliche Insekten«, wende ich ein und zeige auf die Stelle im Artikel.

»Dann sind Lavendel und Mottenkugeln die beste Lösung«, überlegt Yasim weiter.

»Waschbären mögen keinen Lavendel!«, rufe ich auf einmal aufgeregt und kralle mich an meinem Glas fest. »Das gibt es doch gar nicht!«

»Doch, hier steht es: Der Garten-Doc schreibt, dass Waschbären geruchsempfindlich sind und ...«, plötzlich stutzt Yasim. »Ach so! Du denkst daran, dass Alinas AG Lavendel gepflanzt hat.«

»Genau! Alinas Beet war das erste, das zertrampelt wurde«, antworte ich.

»Aber nicht von Waschbären«, kombiniert Yasim.

»Denkst du, was ich denke?«, frage ich.

»Ich glaube schon«, antwortet Yasim. »Aber warum sollte Alina ihr eigenes Beet zerstören?«

Ich erzähle Yasim davon, wie ich Alina mit Handy vor dem Beet gesehen habe.

»Du glaubst, sie wollte Selfies für ihre Follower machen?«, fragt Yasim.

»Wäre möglich! Zuerst wollte sie nur posten, wie die Pflanzen auf dem Beet wachsen. Eine Zeit lang zieht das vielleicht Follower, aber ich schätze, es wird ziemlich schnell langweilig. Und ein zertrampeltes Beet ist spannender als Pflanzen, die einfach vor sich hin wachsen«, antworte ich.

»Das ergibt irgendwie Sinn. Alina klebt am Handy wie eine Süchtige«, sagt Yasim nach einer Weile. Dann schweigen wir beide einen Moment. Je länger ich über meine Vermutung nachdenke, desto wahrscheinlicher kommt sie mir vor.

»Alina hat ihren eigenen Krimi geschrieben«, sage ich schließlich. »Bestimmt folgen alle ihren Posts, weil sie wissen wollen, wer die Beete zerstört.«

»Krass. Und das alles nur, um Aufmerksamkeit zu bekommen«, stellt Yasim fest. »Was machen wir jetzt?«

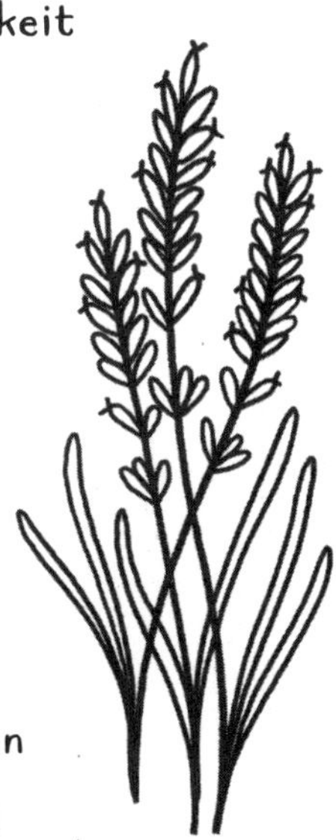

»Darüber muss ich erst mal nachdenken«, meine ich.

»Das schadet bestimmt nicht!«, stimmt Yasim zu. »Vielleicht irren wir uns auch. Genau wissen wir nicht, ob Alina das Beet zerstört hat.«

»Hoffentlich irren wir uns«, sage ich. Dann fallen mir ihre Bemerkungen wieder ein und

dass sie den Verdacht auf mich lenken wollte. Das war echt gemein! Wahrscheinlich wollte sie eine mögliche Täterin haben, um es zu einem späteren Zeitpunkt im Netz zu posten. Dann hätte sie noch einmal ganz viele Mitleid-Smileys und Kommentare bekommen, bevor sie mit einem neuen Thema gestartet wäre.
Einen Moment schweigen wir. Unsere Gedanken liegen schwer in der Luft.
»Lust auf Musik?«, fragt Yasim plötzlich und springt auf.
»Yep!«, antworte ich und stehe schon neben ihm. Yasim stellt sein Handy auf laut und wir hören seinen neuen Lieblingssong.

Dann räumen wir die Stühle zur Seite, schieben den Schreibtisch in eine Ecke und fangen an zu tanzen. Er zeigt mir ein paar neue Hip-Hop-Schritte, die er von seinem Bruder gelernt hat. Für heute ist Alina erst einmal vergessen.
Der Nachmittag ist viel zu schnell vorbei. Leider will Yasim nicht bleiben, um mit uns zu essen. »Heute

Abend kocht meine Oma. Und wenn sie kocht, schmeckt es immer besonders gut«, sagt er.

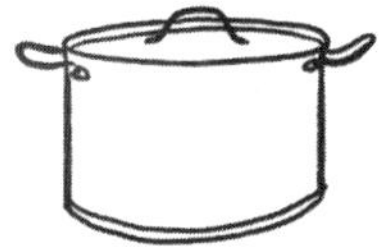

Ich bringe ihn zur Wohnungstür. Er umarmt mich, und es fühlt sich gut an, weil es eine richtige Umarmung ist. Nicht so was Halbes auf Abstand. Dann verschwindet er und ich bringe unsere Gläser in die Küche. Dabei merke ich, dass ich vor mich hin lächele. Einfach so. Zum Glück ist Klara in ihrem Zimmer und ich bin allein, während ich die Gläser abspüle. Denn ich bin sicher, sie hätte sonst mehr als eine blöde Bemerkung gemacht.

Picknick im Schulgarten

Als ich am nächsten Morgen aufwache, denke ich an den Nachmittag mit Yasim. Gut gelaunt strecke ich mich, setze mich auf und reibe mir die Augen. Am liebsten würde ich noch einen Moment im Bett bleiben und vor mich hin träumen. Aber Klara stürmt in mein Zimmer. »Hier kommt dein persönlicher Weckdienst!«, ruft sie unerträglich laut. »Zeit zum Aufstehen, Zauberherz!«

Also stehe ich auf, frühstücke, wasche mich, packe die Tasche und gehe zur Schule. Der Morgen ist kühl und klar und hilft mir dabei, selbst einen kühlen und klaren Kopf zu bekommen, um in Ruhe über Alina, das

Lavendelbeet, die Waschbären und ihren Social-Media-Auftritt nachzudenken.

Als ich den Schulhof erreiche, weiß ich, was ich tun werde. Heute ist unsere Klassenlehrerin auf einer Konferenz. Demi vertritt sie und wir haben wieder in der ersten Stunde Biounterricht. Heute bin ich spät dran. Knapp vor Demi husche ich ins Klassenzimmer und lasse mich auf meinen Stuhl fallen.

»Hello, alles easy?«, fragt mich Fee und wühlt in ihrem Federmäppchen. Ich nicke.

»Guten Morgen!«, eröffnet Demi den Unterricht. »Kommen wir direkt zu euren Hausaufgaben: Wie können Waschbären aus Gärten vertrieben werden?«

Ich zeige sofort auf. Denn genau auf die Frage habe ich gewartet. »Waschbären mögen den Geruch von Lavendel nicht«, antworte ich und drehe mich zu Alina. »Deswegen meiden sie Lavendel und zerstören keine Beete, auf denen Lavendel wächst.«

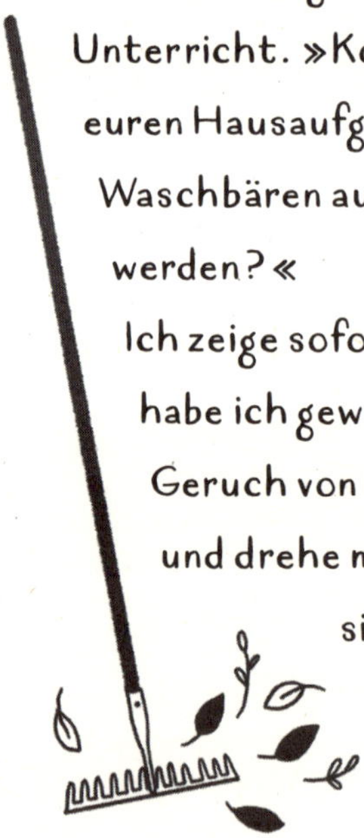

»Dein Vorschlag wäre also, mehr Lavendel anzupflanzen?«, fragt Demi nach.

»Es reicht schon, Lavendelsäckchen in Gärten auszulegen, um Waschbären zu vertreiben«, erkläre ich weiter.

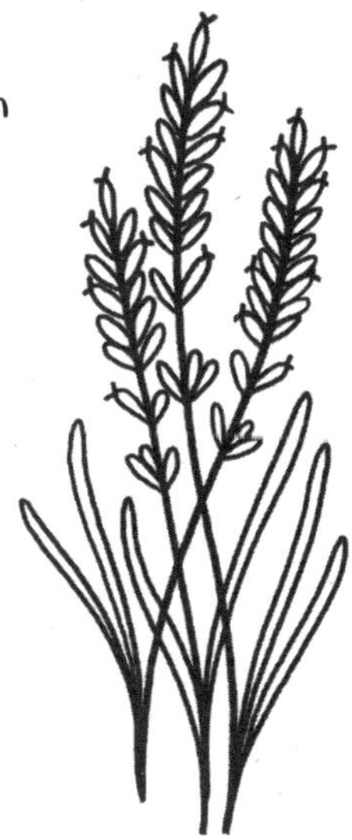

Alina wird blass. Sie hat kapiert, was ich eigentlich sagen will. Yasim dreht sich um und grinst mich an. Moritz' und Fees Blicke richten sich erstaunt zu mir und dann zu Alina. Langsam verstehen auch sie meine eigentliche Botschaft. Ganz bestimmt hätten sich die Waschbären nicht als Erstes ein Beet ausgesucht, auf dem Lavendel wächst. Wenn die kleinen Räuber überhaupt ein Beet mit Lavendel nach Schnecken absuchen.

»Richtig! Waschbären mögen keinen Lavendel. Aber habt ihr nicht gestern gesagt, dass auch der Lavendel zerstört wurde?«, fragt Demi verwundert. »Das passt nicht zusammen.«

»Vielleicht waren noch andere Tiere unterwegs«,

sagt Alina schnell. »Ein Fuchs oder ein Wildschwein.«
»Möglich, vielleicht waren auch andere wilde Tiere in unserem Garten«, antworte ich. »Wobei das schon sehr seltsam wäre.«
Demi kratzt sich nachdenklich am Kopf. »So genau werden wir das wohl nie herausfinden. Also, gehen wir mal davon aus, dass die meisten Schäden auf Waschbären zurückzuführen sind. Und kommen damit zurück zu den Hausaufgaben. Welche anderen Möglichkeiten gibt es denn noch, um Waschbären zu vertreiben?«
»Waschbären können auch mit Licht und Lärm vertrieben werden«, sagt Michi, der in der hintersten Reihe sitzt und sich nur selten meldet.
»Wasser mögen sie auch nicht«, sagt Paulo.
Nach einigem Hin und Her einigen wir uns schließlich darauf, den Waschbären mit Geruch das Leben in unserem Schulgarten schwer zu machen. »Die nächste Aufgabe für eure AGs steht also fest: Ihr bastelt Lavendelsäckchen und Mottenkugeln«, sagt Demi

abschließend. »Und nun beschäftigen wir uns wieder mit der Bestäubung.«

In der großen Pause stehe ich mit Yasim auf dem Schulhof. »Alina hat es kapiert. Sie sah richtig fertig aus, als wir sie angeschaut haben«, sagt er.
»Sie wird sich das nächste Mal genauer überlegen, wie viel ihr die Likes der Follower wert sind und ob sie dafür Pflanzen zertrampelt«, antworte ich. Dann schlendern wir zu unseren Beeten. Die Pflanzen sind in den letzten Wochen so stark gewachsen, dass wir das Gemüse ernten können.
»Das gibt eine megaleckere Spaghettisauce«, sage ich und schaue mir eine dicke, rote Tomate an. »Ich kenne auch ein super Rezept.«

DIY TOMATENSAUCE

ZUTATEN

8 dicke Tomaten
2 Zwiebeln
Olivenöl
Basilikum, Thymian, Rosmarin,
Salz und Pfeffer

1. Die Tomaten und Zwiebeln in Würfel schneiden.

2. 1 EL Olivenöl in einem Topf erhitzen.

3. Die Zwiebeln etwa 5 Minuten dünsten.

4. Die Tomaten dazugeben.

5. 10 Minuten köcheln lassen.

6. Den Herd ausschalten und die Sauce mit einem Stabmixer pürieren.

7. Die Sauce noch einmal 10 Minuten köcheln lassen.

8. Zum Abschmecken Kräuter, Salz und Pfeffer dazugeben.

9. Mit gekochten Spaghetti servieren.

lecker!

»Klingt echt gut«, antwortet Yasim und schnuppert an den Kräutern.
»Ich hätte richtig Lust, in der letzten Biostunde vor den Ferien ein Picknick zu machen«, sage ich.
»Mit Zutaten aus eigenem Anbau!«, fügt Yasim begeistert hinzu.

Die letzten Schultage vergehen schnell. Alina hält sich von allen fern. In der Pause dreht sie alleine ihre Runden und nach dem Unterricht läuft sie als Erste aus dem Klassenzimmer. Ich schaue mir noch einmal ihren Social-Media-Kanal an und stelle fest, dass sie nichts mehr gepostet hat. Als ich sie eines Morgens vor Unterrichtsbeginn auf dem Schulhof sehe, fange ich sie ab.
»Hi, Alina«, grüße ich sie und bleibe stehen.
»Hi«, antwortet sie und läuft weiter.
So leicht lasse ich mich nicht abwimmeln.

»Warte doch mal«, rufe ich ihr hinterher. Aber Alina dreht sich nicht nach mir um. Und ich laufe ihr bestimmt nicht nach.

-- x -- x -- x -- x -- x -- x --

Als wir Demi unsere Idee, ein Picknick zu machen, vorgeschlagen haben, war er sofort einverstanden. »Ihr habt alle so gut gearbeitet und die Beete sind toll geworden, das müssen wir feiern«, meinte er begeistert. »In der letzten Biostunde essen wir zusammen im Garten das, was wir angepflanzt haben.«
Alle haben Teller, Becher und Besteck für unser Picknick mitgebracht. Neben den Beeten stellen wir ein paar Bänke und einen Tisch auf.
Mit dem Gemüse bereiten wir kleine Snacks vor. Unsere AG schneidet Tomaten auf, die wir mit Salz, Pfeffer und Balsamicoessig würzen und zum Schluss mit Basilikumblättern belegen.

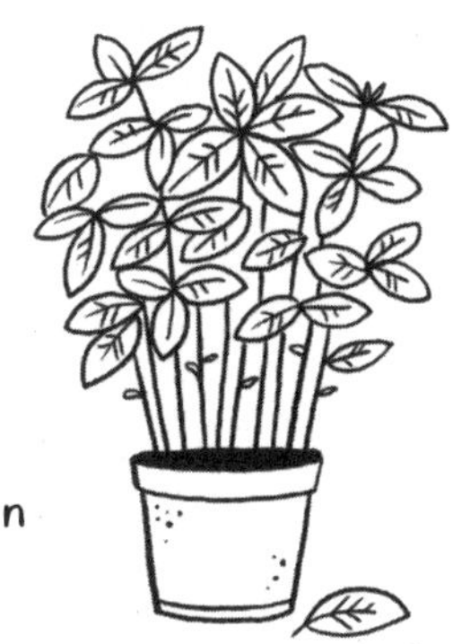

Die anderen haben frische Karotten, Radieschen und grünen Salat auf kleinen Tellern dekoriert. Die PGs und Tobi schmücken alles mit bunten Brunnenkresseblüten.

»Schmeckt richtig abgefahren«, sagt Moritz begeistert, der gerade an einer Möhre knabbert.

»Viel besser als das Gemüse aus dem Supermarkt«, sagt Emma und wischt sich über den Mund.

Auch Demi strahlt über beide Ohren, als er in ein Radieschen beißt. Nur Alina hockt mit zusammengekniffenen Lippen abseits auf einem Stein. Schließlich kommt sie zu mir und setzt sich neben mich auf die Bank.

»Danke übrigens, dass du mich nicht bei Demi

verpetzt hast«, sagt sie und zupft an einer ihrer blonden Haarsträhnen. »Ich weiß auch nicht richtig, was mit mir los war. Als ich die ersten Fotos von unserem Schulgarten ins Netz gestellt habe, hatte ich auf einmal so viele Follower. Da wollte ich weitermachen und hatte die blöde Idee, das Beet zu zertrampeln.«

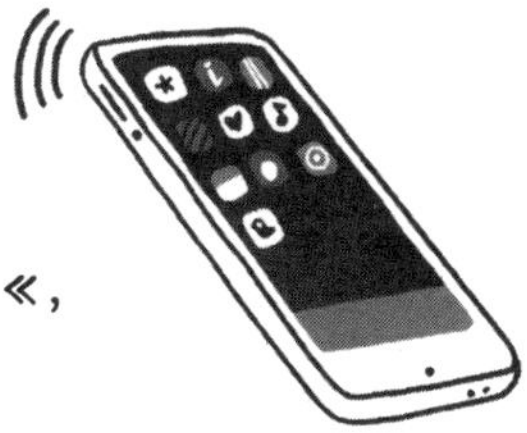

»Damit du noch mehr Klicks bekommst?«, frage ich.

Alina nickt. »Es ist mir so peinlich. Ich weiß auch nicht, warum mir die dämlichen Likes immer wichtiger wurden. Es hat mich irgendwie ... besetzt.«

»Aber warum hast du den Verdacht auf mich gelenkt?«, frage ich weiter.

»Ich war einfach sauer auf dich, weil du in der AG warst, in die ich eigentlich wollte. Außerdem wollte ich nicht, dass mich jemand verdächtigt«, antwortet Alina. Dabei starrt sie auf den Boden.

»Das war ziemlich fies von dir«, sage ich und schlucke. »Beinahe hätte es funktioniert.«

»Ich habe einfach nur noch an meinen Social-Media-Auftritt gedacht«, sagt Alina niedergeschlagen.

»Weshalb hast du dich eigentlich mit Mia gestritten?«, frage ich.

»Ich habe Fotos von uns ins Netz gestellt, ohne sie zu fragen. Seitdem haben wir kaum mehr miteinander gesprochen«, erklärt Alina. »War jedenfalls alles ziemlich blöd von mir!«

»Stimmt«, antworte ich. »Aber wenigstens siehst du ein, dass du dich nicht richtig verhalten hast.« Alina tut mir ein bisschen leid. Wie einsam muss sie sich fühlen, um sich von Likes und Followern abhängig zu machen? Hoffentlich kann sie sich bald auch mit Mia aussprechen. Aber darüber will ich mir heute keine weiteren Gedanken mehr machen. »Lass gut sein«, sage ich zu ihr und stehe auf. Alina lächelt mir kurz zu.

Ich entdecke Yasim, der alleine an unserem Beet steht, und schlendere zu ihm. »Lust auf ein Eis heute Nachmittag?«, fragt er mich.

»Eis geht immer«, antworte ich und lächele ihn an.

»Zusammen Eis zu essen, ist fast so gut, wie zusammen zu tanzen«, sagt er.

»Zuerst Eis essen, dann tanzen?«, frage ich und halte die Hand zum High five hin. Yasim lacht und schlägt ein.

Der Sommer wird einfach easy!

Annette Neubauer hat schon als Kind gerne gebastelt, gemalt und gehäkelt. Heute lebt sie als freie Autorin in Köln und schreibt Kinderbücher, die mittlerweile in über 20 Sprachen übersetzt wurden. Wenn sie nicht am Computer sitzt, leitet sie Schreibwerkstätten, ist auf Lesereise oder tanzt Tango.

Laura Rosendorfer lebt mit ihrem Mann und den beiden Töchtern in einem kleinen blauen Haus bei München. Nach einem Abstecher in die Amerikanische Literaturgeschichte studierte sie Kommunikationsdesign. Seit 2015 ist sie freie Illustratorin für verschiedene Unternehmen und Verlage. Wenn der Trubel zu groß und der Computerbildschirm zu hell wird, flüchtet sie nach draußen zu den Blumenbeeten. Da sitzt sie dann am liebsten mittendrin und zeichnet.

LESEPROBE

Pferdeflüsterer ACADEMY

Reise nach Snowfields

Band 1

Der Himmel glühte wie geschmolzenes Metall. Am höchsten Punkt stand die weißgelbe Sonne, die sie einst genährt und gewärmt hatte, aber jetzt war sie ihre Feindin. Jetzt brannte sie auf ihre Rücken, drückte sie zu Boden, wollte sie austrocknen und vernichten, so wie sie das Land vernichtet hatte.

Die Steppe, die noch vor wenigen Wochen grün gewesen war, war hart und dürr. Das Flussbett führte kein Wasser, nur Gesteinsbrocken, Kiesel, Sand. Wie eine tiefe Wunde lag es in dem sterbenden Land.

Wenn sie hierblieben, wären sie verloren. Seine Mutter hatte es bereits hinter sich, sie hatte die Herde vor zwei Tagen verlassen. Sie war gegangen, wie sie gelebt hatte, hatte sich bis zum Schluss gewehrt, aber am Ende hatte sie den Kampf doch verloren.

Am Abend waren ihre Vorderbeine eingeknickt, dann die Hinterläufe und danach war sie nicht mehr aufgestanden.

Der Alte hatte versucht, sie wieder auf die Beine zu bringen, er stupste sie an, biss sie in Kruppe und Hals.

Geht weg, sagte ihr Blick, und kehrte sich nach innen. In ihren schwarzen Augen, die das Erste gewesen waren, was er auf dieser Welt gesehen hatte, glomm nur noch ein schwacher Funke.

Sie wollte nicht, dass sie sahen, wie sie immer schwächer wurde. Auch er sollte sie nicht so sehen.

Der Alte folgte der Aufforderung und schleppte sich weiter und die anderen folgten ihm.

Er aber harrte neben ihr aus, bis sie sich ein letztes Mal aufbäumte, bis ein Zittern durch ihren Körper lief, bis alles vorbei war.

Ein Teil von ihm hätte sich gerne neben sie gelegt, um zu warten, bis die Sonne das Leben aus ihm herausgeleckt hätte.

Aber der andere Teil war noch nicht so weit.

Er trottete der Herde nach, holte sie ein, als die Sonne erneut unterging. Sah, dass auch seine Gefährten an der Grenze standen zwischen Leben und Tod.

1

Als sie den Saal betrat, hatte Zoe das Gefühl, dass sie Jakes Blick spüren konnte. Wie eine sanfte Berührung streifte er ihre nackten Arme und streichelte ihre Wangen.

Während sie zu ihrem Platz vor dem Orchester ging, wurde der Applaus immer lauter, er schwoll zu einer Woge der Begeisterung an. Der Dirigent Onni Seikola stand bereits an seinem Pult. Nun nickte er Zoe zu und lächelte. Sie verbeugte sich und der Beifall steigerte sich zu einem Sturm.

Erster Rang, zweite Reihe, Platz fünfzehn. Das war Jakes Platz, von dort blickte er zu ihr herauf. Eigentlich müsste sie ihn von der Bühne aus sehen können, dachte sie. Aber sie verbot sich, nach ihm Ausschau zu halten.

Stattdessen versuchte sie, ihr Publikum auszublenden. Die Leute wurden zu einer Tapete aus Augen, Nasen, Mündern, Ohren.

Das hatte ihre Mom ihr beigebracht. Die Leute sind nicht wichtig, sagte sie immer. Konzentrier dich auf die Musik.

Normalerweise fiel es Zoe leicht, ihr Publikum zu vergessen. Aber heute war es schwer. Weil Jake da unten saß.

Sie hatte ihm die Karte ganz beiläufig gegeben, als ob das Ganze keine Rolle für sie spielte. Komm, wenn du Lust hast, hatte sie gesagt. Und dabei verschwiegen, dass die Karte hundertzwanzig Dollar kostete und das Konzert in der Vancouver Concert Hall seit Wochen ausverkauft war.

Das Vancouver Symphonic Orchestra unter der Leitung von Stardirigent Onni Seikola spielte das Flötenkonzert Nr. 2 von Wolfgang Amadeus Mozart. An der Querflöte das Wunderkind Zoe Deventer.

Der Applaus ebbte langsam ab. Seikola nickte Zoe noch einmal kurz zu, dann wandte er sich an seine Musiker.

Das Flötenkonzert war eines von Zoes absoluten Lieblingsstücken. Deshalb hatte sie Jake eingeladen. Weil sie hoffte, dass diese Musik auch ihn umhauen würde. Mozart ließ niemanden kalt.

„Klassik?", hatte er gefragt, als Zoe ihm erzählt hatte, dass sie Querflöte spielte. „Damit kenn ich mich überhaupt nicht aus. Ich steh eher auf House."

„Das find ich auch total gut", hatte Zoe ihm versichert.

Und wohlweislich verschwiegen, dass sie gar keine Zeit hatte, House zu hören.

In den letzten sechs Monaten hatte sie Konzerte in Toronto, Calgary und New York gegeben, hatte eine CD aufgenommen und war unzählige Male im Fernsehen gewesen.

Ihr folgten fast eine Million Fans auf YouTube, und wenn sie auf Instagram ein Foto von ihrem Essen postete, hatte sie zehn Minuten später über zweitausend Likes.

Zoe war erst dreizehn, aber berühmter als ihre Mutter, die Geigerin Irmhild Sullivan, die heute nicht mitspielte, sondern in der ersten Reihe saß, den Blick fest auf die Tochter gerichtet.

Ihre Mom begleitete sie zu jedem Konzert, sie war ihr aufmerksamster Zuhörer, ihr größter Fan, ihr strengster Kritiker. Sie würde jeden Patzer hören und wäre er auch noch so klein. Und wäre dennoch stolz auf Zoe, so stolz!

Ob Jake auch stolz war, dass er sie kannte? Er war hier, er saß da unten, er sah sie an, Zoe spürte es ganz deutlich. Ob ihm das blaue Seidenkleid mit den Spaghettiträgern gefiel, das sie heute trug? Ihre Hochsteckfrisur, in der winzige Strasssteine steckten und ihr blondes Haar zum Glitzern und Funkeln brachten? Bisher hatte er sie nur in Jeans und Sneakern gesehen. Hoffentlich fand er ihr Outfit nicht affig.

Konzentration, hörte sie ihre Mom sagen. Die Musik ist wichtig, nur die Musik.

Seikola hob die Arme. Zoe setzte die Flöte an die Lippen. Dann gab er den Einsatz und sie begann zu spielen.

Ihre Finger griffen die ersten Töne, sie perlten aus ihrer Flöte wie Luftblasen aus einem Sektglas. Hinter ihr setzten die Streicher ein, ihre Bögen hüpften über die Saiten. Zoes Finger tanzten, Mozarts herrliche Musik erfüllte ihren Körper und brachte ihn zum Schwingen. Ihr war, als würden ihre Füße vom Boden abheben, als schwebte sie hoch über dem Orchester und durch den Saal, über den zweitausend Zuhörern und dem einen, auf den es ankam. Sie spielte für Jake, nur für Jake.

Als Zoe ihre Flöte sinken ließ, herrschte einen Moment lang Totenstille im Konzertsaal. Dann setzte ein ohrenbetäubender Applaus ein.

Onni Seikola trat zu ihr und schüttelte ihre Hand,

gemeinsam verbeugten sie sich. Hinter ihnen begannen die Musiker ebenfalls zu klatschen.

Sie hatte das Stück noch nie so gut gespielt. Das fühlte sie mit jeder Faser ihres Körpers, das sagten ihr die Beifallsstürme, die begeisterten Gesichter und das stolze Lächeln ihrer Mom, die sich in diesem Moment erhob, um ihrer Tochter im Stehen zu applaudieren. Auch die übrigen Zuschauer standen auf.

Zoe atmete tief ein. Und zum ersten Mal an diesem Abend wagte sie es, ihre Augen zum ersten Rang zu lenken. Reihe zwei, Platz fünfzehn.

Sie warf Jake ein strahlendes Lächeln zu, aber er lächelte nicht zurück. Weil er nämlich gar nicht da war.

Auf Platz fünfzehn in der zweiten Reihe saß eine ältere Dame mit hellblau gefärbten Löckchen, die sich jetzt mühsam erhob. Als sie merkte, dass Zoe sie ansah, warf sie ihr mit beiden Armen Kusshändchen zu.

Die Freude, die Zoe gerade noch erfüllt hatte, war weg. Sie hätte am liebsten geweint.

Nach dem Konzert gab es einen Empfang im Foyer des Konzerthauses, aber Zoe nahm nicht daran teil. Sie fuhr mit ihrer Mom nach Hause.

„Ich hab plötzlich schreckliche Kopfschmerzen“, log sie. „Ich will nur noch ins Bett.“

Irmhild Sullivan, die sonst immer sofort spürte,

wenn ihre Tochter ihr etwas verheimlichte, merkte heute nichts. Sie war viel zu begeistert von Zoes überragender Leistung.

„Du warst einzigartig", sagte sie nun schon zum dritten Mal. „Ganz, ganz beeindruckend."

Zoe nickte kraftlos. Ihre Gefühle für Jake hatten sie beflügelt und davongetragen, nur für ihn hatte sie so gut gespielt. Warum war er nicht gekommen?

Ob er die Karte weiterverkauft hatte? Der Gedanke durchzuckte Zoe wie ein Stromschlag.

„Das würde er nicht tun", murmelte sie.

„Was sagst du, Schatz?"

„Nichts." Zoe legte den Kopf an die Schulter ihrer Mom.

Das Taxi glitt durch die hell erleuchteten Straßen von Vancouver, an glitzernden Wolkenkratzern vorbei. Sie passierten den Hafen, auf dem bunt beleuchtete Schiffe dümpelten. Die Stadt war hellwach, doch Zoe war todmüde.

Am nächsten Morgen regnete es Bindfäden. Zoe verfluchte sich, während ihre Mutter sie durch den Nieselregen zur Schule fuhr. Sie hätte heute schulfrei haben können, um nach New York zu fliegen.

Vor zwei Wochen hatte die Carnegie Hall angefragt, ob Zoe Deventer kurzfristig Zeit für ein Konzert hätte.

Eine berühmte Flötenspielerin war ausgefallen und Zoe sollte einspringen – aber sie wollte nicht.

„Mir wird das alles zu viel", sagte sie. „Ich brauch mal eine Auszeit."

Ihre Mutter war fassungslos.

„Ist das dein Ernst, Zoe? Es war doch immer dein Traum, einmal in der Carnegie Hall aufzutreten."

„Ich weiß", sagte Zoe. „Aber ich schaff das momentan einfach nicht."

Ihre Mom nickte, obwohl sie sicher enttäuscht war. Irmhild Sullivan hatte ihre eigene Karriere als Geigerin in den letzten Jahren zurückgestellt, um Zoe zu unterstützen. Sie war Zoes Managerin und Beraterin, sie hörte ihr beim Proben zu, kontrollierte und korrigierte sie und spornte sie an. Die Querflöte kannte sie inzwischen fast so gut wie ihre Tochter.

Zoes Vater war kein Musiker, sondern Personalchef in einem Maschinenbaukonzern. Er war sehr stolz auf seine Tochter, aber Zoes bedingungslosen Einsatz für ihre Musik konnte er nicht nachvollziehen.

„Man muss auch mal Pause machen", sagte er, „sonst macht das Ganze keinen Spaß mehr."

Aber wer Pausen machte, wurde nicht zur besten Flötistin der Welt. Und das war Zoes Ziel. Dafür gab sie alles.

Dennoch hatte sie der Carnegie Hall abgesagt. Nicht

weil sie sich wirklich überfordert fühlte. Sie war die vielen Konzertreisen gewohnt, sie liebte es, auf der Bühne zu stehen. Im letzten Jahr hatte sie gerade einmal zwanzig Wochen in Vancouver verbracht. Wenn sie unterwegs war, bekam sie Fernunterricht übers Internet, damit sie den Anschluss an ihre Klasse nicht verlor.

Der Grund für die Absage war Jake.

Vor drei Monaten war er plötzlich in ihrer Schule aufgetaucht, seine Familie war aus den Staaten nach Vancouver gezogen. Eines Morgens hatte er im Kunstunterricht neben Zoe gesessen.

Sie mussten eine Collage aus Zeitungsbildern gestalten, aber Zoe war gar nicht dazu gekommen, irgendein Bild auszuschneiden und aufzukleben. Jake zog sie vom ersten Moment an in den Bann.

Er hatte so ein markantes Gesicht. Wunderschöne graugrüne Augen. Und winzige Sommersprossen, die auf seiner Nase tanzten.

In der zweiten Kunststunde, in der sie nebeneinander gesessen hatten, sollten sie eine bunte Frühlingswiese malen. Mit einem Mal beugte Jake sich über Zoes Block und zeichnete eine kleine Elfe, die aus einer Tulpenblüte herausflatterte. Eine lachende Elfe mit langem blonden Haar.

„Wer ist das denn?“, fragte Zoe.

„Das bist du, siehst du das nicht?“, sagte Jake. „Ich frag mich, warum du deine Zeit hier in der Schule verschwendest. Du gehörst doch in deine Blütenwelt.“

Du bist ganz anders als die anderen, das sagte er Zoe immer wieder. Und das Gleiche dachte sie über ihn. Jake war klug und witzig und im Gegensatz zu den anderen Jungs an der Vancouver Junior High interessierte er sich nicht nur für Football und Baseball, sondern mochte auch Bücher und spielte Gitarre.

Leider hatten er und Zoe nur zwei Unterrichtsfächer zusammen: Kunst und Biologie. Ab sofort waren das Zoes Lieblingsfächer. Sie fieberte den Stunden entgegen, in denen sie ihn sah. Sie hätte ihn so gerne auch nach der Schule getroffen, um über all die Dinge zu reden, zu denen sie während des Unterrichts und in den kurzen Pausen nicht kamen. Aber sie traute sich nicht, den ersten Schritt zu tun.

Und Jake machte leider keinen Versuch, sie öfter zu sehen. Er war zwar immer total nett zu ihr und strahlte sie mit seinen schönen Augen und den blendend weißen Zähnen an, sie kamen sich jedoch keinen Schritt näher.

Wie sollten sie sich auch näherkommen, wenn Zoe ständig von einem Konzert zum nächsten jettete?

Sie hatte der Carnegie Hall abgesagt, um mehr Zeit für Jake zu haben, um sich ganz auf ihn konzentrieren zu können. Ohne mit der Wimper zu zucken, hatte Zoe auf ihren großen Auftritt in New York verzichtet. Und er kam nicht einmal zu ihrem Konzert in Vancouver.

Missmutig starrte Zoe auf die Regentropfen, die unaufhörlich auf die Windschutzscheibe tropften. In New York schien jetzt bestimmt die Sonne. Sie hätte eine Suite in einem angesagten Hotel auf dem Times Square, mit einer gigantischen Wellnesslandschaft, in der sie nach dem Konzert entspannen könnte.

Stattdessen musste sie zur Schule und konnte sich Jakes Ausrede anhören. Dabei gab es keine Entschuldigung für ihn. Zoe hatte gestern für ihn gespielt, nur für ihn. Und er hatte sie nicht gehört.

Juicy
APFEL
HONIG